민족통일을 함께 꿈꾸며,
복음통일을 함께 기도하며…

_____ 님께

십계명으로 보는
통일이야기

십계명으로 보는
통일이야기

서민규 · 이윤기
지음

한국NCD미디어

이 책을 시작하며…

이 시대가 한국 교회에 요구하고 있는 많은 것 중 가장 으뜸인 것은 '말씀대로 실천하는 삶'일 것이다. 즉 말씀에 순종하는 삶이다. 강단에서 선포되는 말씀에 대해 머리로 이해하는 것과 마음에 새기는 것은 비슷한 것 같지만 서로 다른 것이다. 한국 교회가 세상 앞에서 비난을 받는 이유는 선포되는 말씀을 귀로 듣고 입술로 고백하지만, 자신의 삶 속에서 실천으로 연결하지 못하기 때문이다. 말씀 앞에서 말과 행동이 일치하는 삶을 살아야 함에도 그렇게 살지 못하는 것이 한국 교회와 우리의 현실이다. 성경을 비롯해 오늘까지의 역사를 자세히 보면, 하나님 나라와 하나님의 의(義)에 대해 소홀하고 여전히 말씀에 순종하지 못하는 가운데 그리스도인의 의무를 지키지 못하는 불순종의 모습이 끊임없이 나타나고 있다.

이같이 된 것에는 여러 가지 원인을 찾아볼 수 있지만, 무엇보다도 율법에 대한 올바른 이해의 부재와 그에 따른 삶과 신앙의 괴리를 주목하지 않을 수 없다. 하나님의 말씀 순종, 즉 율법 준수는 구원의 조건이 아니다. 하나님의 말씀 준행은 구원받은 성도들의 의무이며 말씀(율법)은 구원받은 성도의 삶의 지침이다. 말씀을 순종하지 않음으로 인한 도덕적 방종이 오늘날 한국 교회 성도들이 가진 가장 큰 문제라 할 수 있다. 하나님께서 원하시는 성도의 삶을 가장 집약적이고 핵심적으로 보여주는 것이 바로 「Decalog」십계명라고 할 때, 한국 교회 안에서 십계명에 대한 설교가 점점 사라지고 예배순서에서 십계명을 뺀 것은 매우 심각한 문제이다.

한국 교회는 분단과 동시에 새벽 제단을 비롯해 끊임없이 구국救國을 위해 기도해 왔다. 그뿐만 아니라 북녘땅에 죽어가는 영혼들을 위해 쉬지 않고 중보中保하였으며 지금도 하고 있다. 그런데 왜 아직도 구국과 북녘 동포들의 회복을 가져다주는 복음 통일이 이루어지지 않을까? 우리의 정성기도이 부족해서일까? 2015년 우리는 광복 70주년·분단 70년, 이스라엘 민족 해방의 기쁨을 허락해 주신 것처럼 우리 민족 저 북녘땅에도 1907년의 부흥을 다시 한번 허락해 주시길 간절히 사모하며 수많은 기도회와 세미나를 비롯한 행사를 했었다. 그러나 안타깝게도 통일에 대한 서광曙光이 비춰기보다 오히려 2016년 새해 벽두부터 북한은 제4차 핵실험북한은 수소폭탄 실험이라고 주장함과 미사일 발사체 실험을 하므로 남북 관계는 개성공단 폐쇄라는 극단적 경색국면梗塞局面을 맞이하였다. 분단된 조국과 분열된 민족이 용서와 화해로 하나가 되기 위해 70년이라는 시간이 부족하다면 도대체 얼마나 더 많은 시간이 필요한지를 가늠할 때, 가슴이 저미어 안타까울 뿐이다.

성경을 보면 하나님께서는 이스라엘 백성들을 가나안 땅으로 인도하실 때, 쉽고 편하게 그리고 백성들이 원하는 시간과 방법으로 입성시키셨던 것은 아니다. 분명히 하나님의 절대적이며 주권적 역사하심에 따라 이스라엘 백성들이 출出애굽하여 광야荒野에서 가나안 땅으로 진군하고 있을 때 하나님께서 이스라엘 백성들에게 말씀하셨다.

네 하나님 여호와께서 이 민족들을 네 앞에서 조금씩 쫓아내시리니 너는 그들을 급히 멸하지 말라 들짐승이 번성하여 너를 해할까 하노라(신 7:22)

통일統一이란 원래 하나였던 것이 어떤 이유로 인해 분할되었다가 합쳐서 하나의 조직, 또는 체제體制아래로 결집하는 것을 의미한다. 한반도의 통일이란 원래 하나였던 한 민족이 일제 강점기와 제2차 세계대전의 영향으로 인해 두 개의 국가로 나뉘게 되었다가 다시 하나의 체제자유민주주의체제 또는 일당독재체제로 합쳐지는 것이다.

한반도 복음 통일福音統一이란 한반도에서 사는 사람들과 그 사람들의 모임인 가정과 교회, 그리고 남북한 사회에서 이 세상의 논리로 만들어진 세속적 가치관에서 벗어나 하나님 말씀으로 귀환歸還할 때 시작되는 것이다.

지금 한반도는 남북 갈등으로 발생한 여러 가지 사회 병리 현상을 보인다. 평화平和보다는 분쟁分爭, 정의正義보다는 불의不義, 통합統合보다는 분열分裂의 끝 모르는 길을 걷고 있다. 이러한 갈등과 수많은 사회 병리 현상 속에서 무엇이 옳고 그른가를 규정하기란 쉽지 않은 일이 되었다.

진리가 없는 시대에서 오직 진리는…

오늘 우리가 사는 시대에 누군가가 "내가 진리이니, 나를 따르라."고 외친다 해서 따라갈 사람이 몇이나 될까? 우리 사회 발전에 가장 걸림돌이 되는 것 중에 우선으로 정치로 꼽는 사람들이 많은데, 국민 다수의 지지를 받아 대통령이 되었다고 해서 모든 국민이 대통령을 존경하고 무조건 따르지는 않는다. 진리란 무엇인가? 아니 진리라는 것이 존재하기는 한단 말인가? 내가 진리라고 믿는 그 진리를 남들에게도 진리이니 믿고 따르라고 말할 수 있는가? 성경은 우리에게 말씀하고 계신다. 진리가 없다고 하는 우리 시대에 대해 예수님은 분명하게 선포하고 계신다.

> 예수께서 이르시되 내가 곧 길이요 진리요 생명이니 나로 말미암지 않고는 아버지께로 올 자가 없느니라(요 14:6)

진리가 없다고 말하는 시대라 할지라도 진리는 분명히 있는 것이다. 진리는 어제도 진리이고, 오늘도 진리이며, 내일도 진리이어야만 한다. 그리고 진리라면 나에게도 진리요 마찬가지로 너에게도 진리여서 모든 인류에게 진리가 되어야 한다. 즉 진리는 시·공간을 초월해야 하며 인류에 대해 보편성을 가지고 있어야만 한다. 오직 참 하나님이신 예수님만이 참 진리요 시작과 끝이 되시며, 모든 인류의 구원자이신 것이다.

포스트모더니즘 postmodernism

철학사조로서의 포스트모더니즘은 폭넓은 회의주의·주관주의·상대주의적 특징을 보이며, 이성에 대한 총체적 의심이자 정치·경제적 권력을 유지·주장하는 데 필요한 이데올로기 역할에 대한 날카로운 인식이다. 모더니즘 이후 postmodernism 서양의 사회, 문화, 예술 등에서 이성 중심주의에 대해 근본적인 회의懷疑를 내포하고 있는 사상적 경향의 총칭이다. 포스트모더니즘은 주로 근대 서양사의 철학적 가정과 가치 및 지적 세계관에 대한 하나의 반작용으로 형이상학적, 인식론적 혹은 윤리적 상대주의 형태를 구성하거나 함축한다(다음백과사전).

목 차

제1계명: 한반도 신들gods　　　　　　　　　　13
　북한: 김일성
　남한: 맘몬Mammon
　오직 하나님만이

제2계명: 한반도 딱지a label　　　　　　　　　27
　북한: 빨갱이, 암흑세상
　남한: 반동분자, 미제 앞잡이
　온전한 형상 예수 그리스도

제3계명: 한반도 배임背任　　　　　　　　　　43
　북한: 주체사상主體思想
　남한: 신자유주의Neoliberalism
　하나님 이름에 부응하는 삶

제4계명: 한반도 불평등不平等　　　　　　　　57
　북한: 출신성분 - 3대 계층 분류, 평양주민
　남한: 양극화 - 중산층 몰락
　온전한 평등

제5계명: 한반도 권력權力　　　　　　　　　　69
　북한: 수령체제와 3대 세습
　남한: 대통령중심제
　권위를 인정하라

제6계명: 한반도 살인殺人   89
  북한: 숙청purge
  남한: 자살suicide
  생명의 파수꾼, 교회

제7계명: 한반도 간음姦淫   105
  북한: 혈맹血盟
  남한: 동맹同盟
  순결한 신부, 교회

제8계명: 한반도 불의不義   123
  북한: 토지개혁을 통한 토지몰수沒收
  남한: 부동산 투기投機
  정의를 실현하는, 교회

제9계명: 한반도 거짓   137
  북한: 선전·선동
  남한: 안보정치와 '북풍'
  거짓을 이기는 힘, 정직

제10계명: 한반도 탐욕貪慾   151
  북한: 적화통일赤化統一
  남한: 통일대박
  하나님을 신뢰하는 삶

제1계명
한반도 신들 gods

"너는 나 외에는 다른 신들을 네게 두지 말라"(출 20:3)

십계명^{Decalog}에서 첫 계명은 "너는 다른 신들을 네게 두지 말라." 즉 '너는 나만을 섬겨라.'는 명령이다. 첫 번째 계명은 단순히 십계명의 순서상 첫 번째라는 것 이상의 의미를 가지고 있다. 이 첫째 계명은 다른 아홉 개의 계명들보다 가장 중요하고 근본이 되는 계명이다. 이스라엘 가정에서 매일 암송하는 쉐마^{shema}가 바로 이 계명이며, '가장 큰 계명'이 무엇인가를 묻는 율법사의 질문에 예수님께서 대답하신 것도 바로 이 계명이다.

> ⁴이스라엘아 들으라 우리 하나님 여호와는 오직 유일한 여호와이시니 ⁵너는 마음을 다하고 뜻을 다하고 힘을 다하여 네 하나님 여호와를 사랑하라(신 6:4-5)

이 계명은 십계명의 핵심 계명으로서 다른 계명들을 이해하고 해석하는데 기준이 되는 중요한 말씀이다. 특히 이스라엘 역사를 보면 유일하신 하나님^{God}과 고대 근동에 있었던 우상^{god}들과의 투쟁, 즉 '우상숭배와의 투쟁 역사'라고 부를 만큼 우상숭배 문제는 근본적인 관심사였다. 이스라엘 왕조의 역사를 기록하고 있는 열왕기상·하, 역대기상·하를 보면 왕들의 정치적 성공과 실패의 판단기준을 우상숭배 여부에 두었다(조용훈, 2015).

본문에서 '나 외에'$^{히브리어 '알 파나이'}$에 대한 성서학자들 사이에서 의견이 분분하다. 왜냐하면 '알 파나이'를 '나 외에' 또는 '내 앞에'$^{또는 '내 곁에'}$라고도 번역할 수 있기 때문이다. 개역 성경은 '나 외에'로 번역하였는데 이는 여호와가 아닌 다른 신에게 신적 권위를 인정하거나 섬기지 말라는 데 방점을 둔 것이고, '내 앞에'$^{또는 '내 곁에'}$라고 번역하면 여호와를 섬기면서 다른 신도 함께 숭배하는 혼합 종교 행위를 금지하는데 방점이 있는 것이다.

일반적으로 사람들은 이 계명을 다신론^{Polytheism}적 신관을 가지고 있던 고대 근동의 종교 환경에서 '여호와 외에 다른 신은 존재하지 않는다.'는 유일신 사상^{Monotheism}의 신학적 근거로 생각한다. 하지만 이 계명은 이스라엘 백성이 애굽시대, 출애굽, 광야생활을 거쳐 마침내 가나안 땅에 입성해서 정착생활을 하는 가운데 나타난 전반적인 모습을 살펴보면 '오직 여호와만이 하나님이시다.'라는 것 보다는 여호와^{God} 외에 다른 어떤 신^{god}에게도 여호와에 버금가는 신적 권위를 인정하지 말고, 오직 여호와만 섬기고 예배하라는 실천적 의미로 해석될 수 있기 때문이다(앤더슨, 1983).

하나님께서 이스라엘 백성들에게 '다른 신들을 두지 말라.'고 명령하신 것은 이스라엘 백성들이 애굽에서 보았던 신들이거나 가나안 정착과정 중 주변에서 보았던 신들일 것이다. 즉 가나안의 바알(삿 2:11, 왕상 16:32 등), 아세라(출 34:13, 왕하 17:10 등), 아스다롯(왕상 11:5), 다곤(삼상 5:2, 대상 10:10), 그리고 암몬의 밀곰또는 몰렉(신 12:31, 겔 16:20 등), 모압의 그모스(왕상 11:7, 왕하 23:13 등), 바알브올(민 25:3, 신 4:3 등)과 같은 신들이었을 것이다.

> '다른 신' 중 가장 강력한 힘을 발휘한 신은 '바알'이었다. 바알은 농사를 주관하는 풍요의 신으로서 가나안 주변 사람들만 아니라 이스라엘 백성들 사이에서도 광범위하게 숭배되었던 매력적인 남男신이다. 당시 사람들은 주主신인 바알과 여女신인 아스다롯 사이의 성적결합을 통해서 농사에 필요한 비가 온다고 믿었기 때문에 가나안 신전에서 제의祭儀적인 매음賣淫행위까지 이루어졌다(『우리 시대를 위한 하나님의 열 가지 말씀: 십계명의 영성과 윤리』조용훈, 2015).

그런데 21세기를 사는 우리에게는 바알보다 더 매력적이고, 아스다롯보다 더 매혹적인 수많은 '다른 신들'이 존재한다. 그들은 바알처럼 풍요와 성공을 약속하고, 거짓 희망과 구원을 전하면서 사람들을 미혹迷惑하고 있다. 하지만 '다른 신들'은 자신들의 약속과 달리 자신에게 사로잡힌 사람의 자유를 빼앗아 버리고 영혼까지 파괴해 버린다. 성서는 그런 거짓된 신들을 가리켜 "우상"偶像, idol이라고 한다(조용훈, 2015).

특히, 한반도를 붙잡고 있는 우상들은 그 힘이 너무나 강력하고 매혹魅惑적이어서 분단된 지 70여 년의 시간이 지난 지금에도 변함없이 그 힘을 발휘하고 있다. 그 강력한 힘은 남북한의 모든 사회와 문화 등을 초월하여 분단상황分斷狀況을 지속·고착화하고 있다. 남한과 북한을 사로잡고 있는 수많은 우상 중 가장 강력한 우상으로는 남한에서는 맘몬Mammon, 북한에서는 김일성을 꼽을 수 있을 것이다.

● 북한: 김일성

본명은 김성주金成. 1912년 4월 15일, 아버지 김형직金亨稷과 어머니 강반석康盤石 사이에서 장남으로 태어난 김일성金日成은 지금의 평양시 만경대인 평안남도 대동군 고평리에서 태어났다.

> 김일성金日成
> 1930년대부터 만주에서 반일인민유격대를 결성하며 본격적으로 항일무장투쟁을 하며 일본군과 여러 차례 대규모 전투에서 승리했다. 귀국 후 반제국·봉건주의 개혁을 추진했고, 1950년 내각수상이자 동시에 군사위원회 위원장·인민군총사령관으로 6·25전쟁을 일으켰다(다음백과사전).

> **1912년은 주체 1년 주체연호主體年號, 또는 주체력**
> 김일성의 출생연도인 1912년을 '주체1년'으로 정하여 산정算定하는 북한식 연도年度 표기법으로 '주체력'으로도 지칭한다. 김일성이 사망한 지 만 3년이 되는 1997년 7월 8일, 조선로동당 중앙위원회와 중앙군사위원회, 국방위원회, 중앙인민위원회, 정무원 등이 공동명의로 발표한 '김일성 동지의 혁명생애와 불멸의 업적을 길이 빛내일데 대하여'라는 결정서에 따라 '태양절'과 함께 채택된 북한식 연도표기 방식이다(한국민족문화대백과사전).

김일성은 일제 강점기 때 반일인민유격대에서 독립운동을 하였고 1945년 해방 후에는 조선공산당과 북조선로동당의 소비에트 연방 대리자로 활동하였다. 그 후 조선로동당 위원장이 되고 1948년 9월에는 내각의 총리가 되었다. 1950년 소비에트연방공화국소련의 이오시프 비사리오노비치 스탈린1878년~1953년과 중화인민공화국중국의 마오쩌둥모택동, 1893~1976년을 설득해 전쟁 승인을 통한 지원을 받아 한국전쟁1950년 6월 25일을 일으켰고 조선인민군 최고사령관으로 전쟁에 참여하였다. 국군의 반격과 UN군의 참전으로 수세에 몰리자 중국 인민지원군의 도움으로 휴전1953년 7월 27일을 하고 한반도 북쪽을 지배하였다.

1960년 이후 연안파와 국내파 대부분의 정적을 제거한 김일성은 황폐해진 국토와 침체한 경제를 발전시키고자 고심했다. 자본주의資本主義체제는 구조적인 모순과 비인간성으로 인해 자멸할 것이고 결국에는 사회주의社會主義체제로 전환될 것이라는 신념 아래 공산주共産主義체제를 구축하였다. 김일성 사후1994년 7월 8일 1998년에 개정된 김일성 헌법에서 "공화국의 영원한 주석"으로 추대되어 "위대한 수령", "어버이 수령님" 등 최상의 높임말을 붙여 호칭해야만 한다.

한편 김일성의 아버지 김형직金亨稷은 평양 숭실중학을 졸업하였으며 1917년 조선국민회를 결성한 독립 운동가였고 어머니 강반석은 장로교 신도였다. 특히 외할아버지 강돈욱은 교육자이자 칠골교회 장로후에 목사로도 불림였다. 그의 외가는 독실한 기독교인 가문이었기에 어머니 이름을 "반석"으로 지었다. "반석"은 마태복음에 나오는 베드로의 고백 "너는 베드로라 내가 이 반석 위에 내 교회를 세우리니"(마 16:18)에서 유래한 이름이다. 부모님, 특히 어머니의 영향을 받은 김일성은 기독교 신앙을 가진 신자였으나 성인이 된 후 공산주의를 신봉하게 되어 무신론자가 된 것으로 추정推定하고 있다.

사회주의 Socialism
자본주의의 모순矛盾을 해소하고 생산수단을 사회적으로 공유共有함으로 모든 사람이 평등하게 살아가는 사회를 구현하려는 사상 및 운동.

공산주의 Communism, 共産主義
개인의 사유재산私有財産을 인정하지 않고 모든 사회 구성원들이 재산을 공동으로 소유함으로 빈부의 차를 없애려는 사상 및 운동.

사회주의와 공산주의의 차이
사유재산의 불인정과 재화의 집단 소유제를 지향하는 두 체제 사이에는 사실상 차이가 거의 없으나 이론적으로 몇 가지 차이가 존재한다. 마르크시즘에서 사회주의는 공산주의와 자본주의 과도기적인 형태로 국가혹은 정부가 여전히 존재하며 소유재산과 집단화 프로그램의 통제를 담당한다고 주장한다. 이에 비해 공산주의는 국가혹은 정부마저 해체된 이후에 등장하는 사회의 최종적 진화단계라고 주장한다. 따라서 공산주의 사회에서는 경제적 재화와 소유물이 인민들 사이에 평등하게 분배되는 것을 원칙으로 삼는다(누구나 세계사).

김형직金亨稷, 1894년 7월 10일 ~ 1926년 6월 5일
김형직은 1894년 7월 10일 평안남도 대동에서 태어나서 1908년 강반석과 결혼했으며, 1911년에서 13년까지 미국선교회가 운영하는 평양 숭실학교에 재학했다. 그는 1913년에는 모교인 순화학교에서, 1916년에는 기독교 계열의 명신 학교에서 교편생활을 했다. 1917년 항일 독립운동 단체인 조선국민회에 가입했으며, 항일활동과 관련되어 1917년 경찰에 체포되어 투옥되었다가 동년 압록강 건너 만주 린장臨江에 정착했다. 이후 생계를 위하여 순천의원을 차려서 한약사로 일하다가 1926년 6월 5일 32세에 사망하였다. 북한 정권 수립 이후 김형직은 아내인 강반석과 함께 '민족해방운동의 탁월한 지도자'로 추앙받고 있다. 이와 관련하여 1975년 평양사범대학을 김형직사범대학으로, 1988년 함경북도 후창군을 김형직군郡으로 개칭하였고, 그 외에 김형직군의대학 등 김형직의 이름을 딴 학교들이 있다(한국민족문화대백과).

> **조선국민회**朝鮮國民會
> 1915년 평양 숭실학교 재학생 및 졸업생 중심으로 결성된 비밀결사 단체로 기독교 계통의 애국 계몽운동 전통에서 벗어나 무력항쟁 노선으로 전환한 독립운동단체이다(한국민족문화대백과).

> **강반석**康盤石, 1892년 4월 21일 ~ 1932년 7월 31일
> 1892년 4월 21일에 장로교 장로후에 목사로도 불림인 강돈욱의 딸로 태어났으며 자녀는 김일성, 김철주, 김영주의 삼 형제가 있다. 강반석 사후 그의 행적은 조선민주주의인민공화국에 의해 미화되어 실제 내용은 확인하기 어려운데, 남편 김형직의 조선국민회 운동을 도왔으며 여성 항일단체를 조직하여 활동하였다고 전해진다. 1960년대 조선민주여성동맹의 주도로 조선의 어머니로 추앙을 받아 "강반석 여사 따라 배우기 운동"이 실시되어 강반석 혁명유자녀 학원을 비롯하여 학교와 탁아소 중에도 강반석의 이름이 붙은 곳이 많으며 동상도 세워져 있다(위키백과).

● **남한: 맘몬**Mammon

부富와 재물 등 소유所有를 최고의 가치로 부여하여 추구하는 맘모니즘Mammonism은 어느 사회에나 있었다. 맘모니즘은 오늘날에도 여전히 한국 사회와 한국교회에 그 어느 때보다 강력한 힘을 발휘하고 있어 우리 가정과 사회 그리고 교회를 병들게 하고 있다. 문제는 한국교회가 사회에 만연한 맘모니즘을 치유하기보다는 오히려 병들고

조장까지 하는 악순환의 모습을 보인다는 것이다. 우리 사회에 맘몬이라는 우상을 깨뜨리고 맘모니즘 풍토를 몰아내야 하는 절박한 시대적 과제를 교회는 엄중히 감당해야 한다.

> **맘몬 Mammon**
> 셈어에서 기원한 것으로 보이는 이 말은 '부富', '돈', '재물', '이익'이라는 뜻을 지닌다. 예수님의 말씀 중에 나오는 이 말은(눅 16:9, 11) 단순히 '재물'mammon을 가리키기도 하고 '재물의 신'Mammon을 가리키기도 한다. 예수님께서는 "하나님과 재물맘몬을 겸하여 섬기지 못한다(마 6:24)"고 말씀하셨다(『교회용어사전』, 생명의말씀사, 2013).

남한의 고도 산업사회를 과학기술과 합리주의의 발달로 인하여 물질적인 풍요와 절대적인 자유를 누릴 수 있는 사회로 받아들인다. 그러나 자본주의론적인 관점에서 볼 때 남한 사회는 산업자본에 의해 지배되는 산업 자본주의 사회이며 삶이 통제되는 억압과 관료화, 물화 현상이 보편화하여 인간 소외가 더욱 확대되는 사회이다.

현대인은 태어날 때 이미 형성된 기존의 규범에 지배를 받는 사회 속에서 태어나서 성장하고 죽을 때까지 개인의 선택이 용납되지 않는 끊임없는 사회와 과정에 사는 것이다. 이런 사회에서 사회가 원하는 인간 유형은 옳고 그름의 판단력을 상실한 채 기존 사회 질서와 규범에 절대복종함으로써 명령을 받으며 지시하는 대로 실행하고 어떤 마찰도 없이 사회구조에 순응하는 자동화된 인간이다. 따라서 사회화된 사회는 교환의 원칙이 관철貫徹되는 사회이다.

● 오직 하나님만이

십계명의 첫 계명은 하나님 아닌 짝퉁 신을 섬기는 우상숭배 뿐 아니라 하나님을 믿으면서 동시에 다른 신북-김일성, 남-맘몬도 함께 섬기는 혼합 종교적 신앙 태도도 "죄"라고 선포하신다. '나 외에'로 번역된 히브리어는 '내 앞에'로도 번역될 수 있어 하나님을 섬기던 이스라엘 백성들이 그분 면전에서 이방 신들을 함께 섬기는 풍습을 엄히 금지하신 것이다. 하나님께서는 거짓 신들의 유혹으로 가득한 세상에서 우리가 자유로운 존재로 살아가려면 참 신이신 하나님만 믿고 섬겨야 한다고 말씀하고 계신다. 또 하나님은 우리에 대해 '질투하는 하나님'이시기에 다른 신을 사랑하고 섬기는 자나 민족에 대해 무섭게 벌하시고 하나님만을 사랑하는 자에게는 영원토록 인자를 베푸신다 (조용훈, 2015).

오직 하나님만 주님으로 모시고 섬기는 이 계명은 남북한 사람들이 이해하거나 순종하기가 매우 쉽지 않은 계명이다. 왜냐하면 북한 사람들은 공동체적 사회주의 안에서 살기에 자신의 신념, 신앙에 따라 개별적인 삶을 살 수 없다. 이에 반해 남한 사람들은 자기중심적 개인주의 삶을 살기에 모든 가치 척도를 자신으로 삼는다. 이러한 남북한 사람들을 향해 이 계명은 하나님의 '주되심'Lordship을 인정하고 오직 그분에게 복종할 것을 요구하신다. 하나님만 섬기라는 계명에 순종하는 효과적인 길은 예배자로 사는 것이다.

> **질투하시는 하나님**
> "그것들에게 절하지 말며 그것들을 섬기지 말라 나 네 하나님 여호와는 질투하는 하나님인즉 나를 미워하는 자의 죄를 갚되 아버지로부터 아들에게로 삼사 대까지 이르게 하거니와"(출 20:5)
> 구약성서에서 '질투'를 뜻하는 히브리어 '콰나'는 사랑의 다른 이름이다. 개역성경에서 '질투'라고 번역한 단어를 새번역성서는 '사랑'으로 번역하고 있다. 그러므로 '질투하는 하나님'이란 표현은 '열정적으로 사랑하는 하나님'이 될 것이다(『우리 시대를 위한 하나님의 열 가지 말씀: 십계명의 영성과 윤리』 조용훈, 2015).

신앙의 자유가 보장되지 않은 북한에서 예배자로 산다는 것은 불가능한 일이다. 현재 북한에서 예배자로 살라고 하는 것은 순교하라고 하는 말과 같은 무게를 지니고 있다. 그렇기에 우리가 통일을 말할 때 가장 중요하게 삼아야 하는 기준이 바로 북한에서 하나님의 주되심을 인정하는 통일이 되어야 한다. 한반도에 하나님께서 통일을 허락하신다면 그것은 바로 북한 사람들이 예배자로 돌아오기 위해서이다.

> **예배자** Worshiper
> 예배자로 산다는 것은 매 주일 교회 출석하여 설교를 듣고, 찬양을 부르고, 헌금을 드리는 종교 행위를 하고 있다는 것 이상의 삶의 의미가 있는 것이다. 자기 중심적인 삶을 포기하고, 하나님을 내 삶의 주인으로 인정한다는 뜻이다.

십계명 이해하기

제1계명을 원문으로 번역해 보면 이렇다. "너는 내 얼굴 앞에서 나를 대신하여, 나보다 우선하여 다른 신들엘로힘을 네게 있게 하지 말라"(출 20:3). 제1계명은 우리에게 하나님께서 하나님 말고는 또 다른 신들이 존재한다는 것을 인정하지 말라는 것이다.

제1계명에 '다른 신들'이 누구인지 살펴보자 '다른 신들'에 대해 시편에는 하나님 주변에 있는 존재들을 천사들, 엘로힘, 지극히 높으신 이의 아들들이라고 언급한다(시 89:5-8). 그래서 우리 주님께서 말씀하시기를 "내가 말하기를 너희는 신들엘로힘이며, 다 지존자의 아들들이라 하였으나(시 82:6)" 그런고로 '다른 신들엘로힘이란 우리 같은 사람이 아니라 하나님을 시중드는 천사들을 가리킨다.' 이들은 보이지도 않을 뿐만 아니라 사람보다 훨씬 뛰어난 능력을 소유하고 있기 때문에 사람들 사이에 '신들'이라고 불렸다.

그러면 사람들은 왜 여호와 하나님 말고 다른 신들을 하나님을 대신하여 우리에게 두면 안 되는가?라고 질문할 수 있다. 무엇보다도 그것은 섬김을 받아야 할 창조주가 결코 아니기 때문이다. 그들은 하나님의 피조물에 불과하기 때문이다. 그들이 하늘에서 떨어졌을 때 그들은 또한 저주를 받았기 때문이다. 그들이 하나님의 말씀을 거역하거나 루시퍼가 하나님 반역에 가담하여 하늘에서 떨어졌을 때 다른 신들은 저주를 받은 채 떨어졌다. 그러므로 예수님 이외에 구약시대로 말하자면 여호와 하나님 이외에 다른 신들을 절대 두지 말아야 한다. 그런데 북한은 그 신들의 자리에, 하나님의 자리에 김일성을 앉혀 놓았다. 이후로 김정일, 김정은에 이르기까지 이 얼마나 어리석은 일인가? 제1계명부터 어기고 범죄하고 있는 북한이 빨리 회복되기를 우리는 기도 해야만 한다.

북한에서 내려온 대학생들과 이야기를 나누어 볼 기회가 있었다. 남한에 내려와서 일반 교회를 다니게 되는데 교회에서 신앙을 갖기가 어렵다고 했다. 왜냐하면 김일성 주체사상이 예수 믿으면 구원받는다는 구원론과 너무나도 흡사하여 또 당하기 싫어서 신앙을 갖기가 어렵다는 그들의 말이 이해된다.

제2계명
한반도 딱지 a label

"너를 위하여 새긴 우상을 만들지 말고 또 위로 하늘에 있는 것이나 아래로 땅에 있는 것이나 땅 아래 물속에 있는 것의 어떤 형상도 만들지 말며 그것들에게 절하지 말며 그것들을 섬기지 말라 나 네 하나님 여호와는 질투하는 하나님인즉 나를 미워하는 자의 죄를 갚되 아버지로부터 아들에게로 삼사 대까지 이르게 하거니와 나를 사랑하고 내 계명을 지키는 자에게는 천 대까지 은혜를 베푸느니라"(출 20:4-6)

종교사적 관점에서 볼 때, '하나님만 섬기라.'는 제1계명과 하나님에 대한 '어떤 형상도 만들거나 숭배하지 말라.'는 제2계명은 매우 독특한 히브리적 사상이다. 십계명 당시의 고대 근동에는 수많은 형태의 신상들이 존재했다. 신전마다 신상들을 세우고 집마다 작은 신상을 모시고 수호신처럼 떠받들었다. 왜냐하면 보통의 인간은 형상 없는 신을 믿는다는 것을 상상도 할 수 없기 때문이다. 따라서 제2계명, 즉 '하나님에 대한 어떤 형상도 만들거나 숭배하지 말라.'는 자연종교에서 벗어나 계시종교임을 선포하는 것이다(조용훈, 2015).

> 성서에서 말하는 '신상'이란 나무나 돌에 새긴 것이나, 부어 만든 것을 가리킨다. 고대 근동 지방에서 발견되는 신상들은 대부분 사람이나 동물 모양이었다. 사람 모양의 신상인 경우에는 풍요와 다산을 상징하는 차원에서 여성의 젖가슴을 강조했다. 동물 모양의 신상인 경우에는 다산과 힘을 상징하는 황소나 사자의 형상이 많았다. 암몬족의 몰렉은 황소 머리에 사람 몸통을 지녔고, 블레셋의 다곤은 사람 머리에 물고기 몸통을 지녔다. 바알은 몰렉과 마찬가지로 황소 머리에 사람 몸통을 지닌 모습이었다(『우리 시대를 위한 하나님의 열 가지 말씀: 십계명의 영성과 윤리』 조용훈, 2015).

성경은 사람들이 만든 신상을 아무런 생명력이나 능력도 없는 허수아비, 곧 우상에 불과하다고 본다. 우상이 제아무리 거대하고 화려하다 할지라도 그것은 생명이 없는 죽은 것에 불과하다. 제2계명의 목적은 아마도 이교 신의 숭배를 금지하기보다는 영이신 하나님을 형상화하지 못하게 하는데 있다고 할 수 있다. 왜냐하면, 하나님께서 제2계명으로 금하셨는데도 이스라엘 종교역사에는 하나님의 신상을 만들고 숭배하는 행위들이 사라지지 않았기 때문이다.

하나님은 왜 자신을 형상화하는 것을 금하시고 인간은 왜 신을 어떻게든 형상화하려는 것일까? 사람들은 하나님을 형상화하는 것은 하나님을 위하며, 하나님을 더 잘 섬기기 위함이라고 말하지만, 하나님은 분명하게 '너를 위하여'(출 20:4)라고 말씀하고 계신다.

> **아론의 금송아지**
> "아론이 그들의 손에서 금 고리를 받아 부어서 조각칼로 새겨 송아지 형상을 만드니 그들이 말하되 이스라엘아 이는 너희를 애굽 땅에서 인도하여 낸 너희의 신이로다 하는지라"(출 32:4)
> 출애굽 이후 이스라엘 백성들이 광야에서 아론이 금송아지를 만들고 숭배한 일은 하나님을 버리고 다른 신(우상)을 섬기려 한 것이라기 보다는, 하나님을 금송아지로 형상화하여 인간의 눈으로 볼 수 있고 손으로 만질 수 있는 물체로 만들어 숭배하려고 했던 것이 죄다.

형상을 만드는 사람, 즉 자신을 위한 불순한 의도가 있음을 말씀하신 것이다. 유한한 존재인 인간은 보이지 않는 것이나 확실하지 않은 것에 대해 불안해하고 두려워하기 때문에 하나님을 어떻게든 형상화하려 했다. 사람들은 하나님을 형상화함으로써 불안을 해소하고, 하나님을 자기 수중에 넣고 통제하려는 경향을 가졌다.

스스로 존재하시는 하나님을 마음대로 형상화해서는 안 되듯이 하나님의 형상으로 지음 받은 인간도 임의대로 형상화해서는 안 된다. 있는 그대로의 모습으로 인정해 주고 이해해 주어야 한다. 우리가 상대방을 형상화하려 할 때, 다시 말해 상대를 규정하고 대상화하려 할 때 하나님 형상으로서의 온전한 인간은 사라지고 그와의 인격 관계는 파괴되고 만다. 사람들은 하나님뿐만 아니라 이웃에 대해 끊임없이 자기 나름의 상(像)을 만들고 강요한다. 그래서 배우자상, 교사상,

학생상, 목사상, 교인상 등 수많은 형상이 생겨나 괴롭히는 기준이 된다. '너는 이런 사람이다.', '너는 이런 사람이 되어야 한다.' 등 형상을 만드는 행위는 이웃에게 '딱지'ᵃ ˡᵃᵇᵉˡ를 붙이는 일이다. 의식적이든 무의식적이든 상대에게 딱지를 붙임으로써 상대를 규정하여 그를 소유하고, 조정하고, 통제하려는 유혹에 빠진다.

분단된 지 70여 년이 지난 남북한은 여전히 상대방에 대해 '딱지'ᵃ ˡᵃᵇᵉˡ를 붙이면서 자신들의 이익을 추구하고 있다. 남한은 북한 사람들에 대해 빨갱이라고 하면서 아사, 숙청, 폭력, 고발, 모든 인민은 굶어 죽고 김씨 일가만 배부르게 먹고사는 곳 등 한마디로 '암흑 세상'이라고 딱지를 붙였다. 이에 반해 북한은 남한에 대해 미국 앞잡이로 인민의 고혈을 빨아먹는 "반동분자", "남조선 괴뢰", "미제 앞잡이" 등으로 미국의 제국주의 식민지 사회로 딱지 붙였다.

● 북한: 빨갱이, 암흑세상

북한사람이나 북한을 추종하는 사람$^{종북, 좌파}$을 "빨갱이"라고 부르는데, 빨갱이는 어떤 뜻일까? 남한에서 반공이 국시로 여겼던 시대에, 반공 포스터 대회에서 학생들은 빨갱이를 표현하면서 얼굴과 온몸을 빨간색으로 칠하곤 하였는데, 아직도 북한사람들을 왜 빨갱이라고 하는지에 대해 정확한 이유를 아는 사람이 없는 것 같다. 국어사전에서 빨갱이는 '공산주의자'를 속되게 이르는 말로 정의되어 있는데, 빨갱이가 공산주의자란 뜻으로 쓰게 된 데에는 몇 가지 설이 있다. 그중 가장 대표적인 것이 볼셰비키 혁명과 구소련의 '붉은 군대'이다. 레닌은 볼셰비키 혁명에 성공함으로 제정 러시아 시대를 마감시키고 혁명을 상징하는 색깔로 붉은색민중의 피로 이룬 혁명이라는 의미을 선택하였다.

북한北韓, Democratic People's Republic of Korea

정식 명칭은 '조선민주주의인민공화국'Democratic People's Republic of Korea: DPRK이며, 국제사회에서는 보통 북조선North Korea으로 표기하기도 한다. 한반도 전체면적 221,336㎢에서 약 55%인 123,138㎢를 차지하며, 경도와 위도 상으로 동쪽 끝은 함경북도 나선직할시 우암리(동경 130°41′32), 서쪽 끝은 평안북도 용천군 진흥노동자구(동경 124°18′41), 남쪽 끝은 황해남도 강령군 등암리(북위 37°41′00), 북쪽 끝은 함경북도 온성군 풍서리(북위 43°00′36)에 놓여 있다. 해안선은 2,495㎞, 국경선은 1,369.4㎞이며 이 가운데 중국과 1,353.2㎞, 러시아와 16.2㎞가 접한다. 행정구역은 1직할시 평양, 2특별시 나선·남포, 3지구 신의주특별행정구·금강산관광지구·개성공업지구, 9도 함경남도·함경북도·평안남도·평안북도·황해남도·황해북도·자강도·량강도·강원도로 이루어져 있다2011년 기준. 명목상 국가원수는 최고인민회의 상임위원장이지만, 최고 지도자는 2011년 12월 17일 김정일金正日이 사망한 뒤 권력을 승계한 김정은金正恩이다(두산백과).

반공 포스터들

실제로 소련군과 중공군, 북한군 간부들은 붉은 완장을 차고 다녔다. 남한에서는 건국 초기와 한국전쟁6·25전쟁을 전후해 '빨치산'이란 말이 생겼는데, 이는 러시아어의 "파르티잔"에서 유래한 것으로 보인다. '파르티잔'은 비정규전 혹은 게릴라전을 일삼는 '무리'라는 뜻에서 비롯되었다.

판문점 회담2018년 4월 27일, 제3차 남북정상회담에서 보인 김정은 위원장이나 북한당국 사람들과 약 36,000여 명의 탈북민미래지향적인 의미에서 '통일민'이라고도 불림을 살펴볼 때, 북한사람은 우리와 다르게 얼굴과 피부색이 빨간색의 사람이 아니라 우리와 다름을 극명하게 표현하기 위해 극단적으로 표현한 것이다.

● 남한: 반동분자, 남조선괴뢰, 미제 앞잡이

> **대한민국**大韓民國, Republic of Korea
> 한국韓國 또는 남한South Korea이라고도 부르고, 북한에서는 남조선南朝鮮이라고 부른다. 남북으로 길게 뻗은 반도와 3,200여 개의 섬으로 이루어져 있다. 북쪽은 압록강과 두만강을 건너 중국의 만주와 러시아의 연해주에 접하고, 동쪽과 남쪽은 동해와 남해를 건너 일본에 면하며, 서쪽은 서해를 사이에 두고 중국 본토에 면한다. 중국, 일본 등과 함께 동아시아에 속한다. 행정구역은 1개 특별시 서울특별시, 1개의 특별자치시 세종특별자치시, 6개 광역시 부산광역시·인천광역시·대전광역시·대구광역시·광주광역시·울산광역시, 8개도 경기도·경상남도·경상북도·전라남도·전라북도·충청남도·충청북도, 1개의 특별자치도 제주특별자치도로 이루어져 있다. 세계 유일 분단국가로, 1953년 정전협정 체결 후 북한과 휴전休戰상태가 계속되고 있다(두산백과).

북한은 정권수립과정과 한국전쟁, 그리고 김일성 유일사상체계를 구축할 때, '반동분자', '부르주아', '자유주의자', '미제 앞잡이' 등을 철저히 제거하려 하였다.

북한 정권은 북한 주민들에게 남한남조선보다 북한이 더 인간다운 삶을 보장해 주고 있으며, 남한 주민은 미국의 침략·수탈 때문에 많은 핍박을 받으며 살고 있다고 세뇌교육시킨다.

> **반동분자**反動分子란 "진보적 세력이나 사회 운동에 맞서는 행위를 하는 사람(어학사전)"으로 진보나 발전에 역행하여 옛 체제를 유지 또는 회복하려는 움직임이나 행동, 현상 등을 의미한다.
> **부르주아**bourgeois는 프랑스어로 유럽 봉건 사회에서 농민층의 분해와 더불어 생겨난 중소 상공업자 시민을 가리키는 말이었으나 오늘날과 같은 자본주의사회에서는 자본가 계급에 속하는 사람을 가리키는 말로 변화되었다. 자본가는 부富와 직결되므로 '부자'를 일컫는 속어로도 쓰인다(우리말 1000가지).

북한 소학교 4학년 「공산주의 도덕」〈제7과 팔려 가는 아이들〉에서 '경애하는 수령 김일성 대원수님께서는 조선의 많은 어린 학생들이 여러 나라에 팔려 갔다고 하시면서 남조선에 불량배들이 둥지를 틀고 있기 때문에 우리 민족에게 이런 불행이 생기고 있다고 교시하시었습니다.'고 하면서 '남조선 괴뢰 놈들은 몇 푼의 돈을 벌려고 의지할 데 없이 거리를 헤매고 있는 불쌍한 어린이들을 꾀어서 미국을 비롯한 자본주의 나라들에 팔아먹고 있습니다.'라고 교육하고 있다.

또 〈제29과 살인마 미국놈〉에서는 '상호라는 한 남조선 어린이가 부산의 판잣집에 살며 구두닦이를 하고 있는데 양키 두 놈이 나타나 구두를 빨리 닦지 않는다고 어린 상호를 마구 때리고 머리카락을 뽑고는 콜타르칠을 해서 상자에 담아 비행기로 내다 던졌다.'는 내용을 '위대한 령도자 김정일 원수님'이 들려준다고 가르치고 있다(미래한국 Weekly/ www.futurekorea.co.kr).

이러한 사상교육의 결과 북한 주민들은 북한 정권, 특히 김일성에 대해 절대적 충성을 맹세하게 되었으며, 남한 정부^{남조선괴뢰도당}와 미국^{미 제국주의}에 의해 하루속히 남한 주민을 구원해 주는 조국해방전쟁을 완수해야 한다고 생각하게 되었다.

북한은 북한 주민들에게 남한에 대해 극단적인 부정적 시각^{남조선 괴뢰, 미제 앞잡이 등}을 주입^{교육}함으로써 김일성에 대한 충성과 북한체제에 대한 정당성, 그리고 적화통일에 대한 당위성 등이 한꺼번에 진작됨으로 지속해서 부정적 교육을 하는 것이다. 문제는 이러한 사상교육을 받은 북한사람들과 함께 분단의 시대를 지나 통일의 시대를 살아야 한다는 것이다.

조국해방전쟁 승리 기념일祖國解放戰爭 勝利 記念日
북한은 매년 7월 27일을 조선민주주의인민공화국 공휴일로 지정했는데, 이는 한국전쟁^{6.25전쟁}에서 정전협정을 체결한 날^{1953년 7월 27일}이 '조국해방전쟁에서 승리한 날'이라고 기념하는 것이다.

● **온전한 형상 예수 그리스도**

둘째 계명, 즉 '하나님을 형상화하지 말라.'는 명령으로 인해 이스라엘 백성들은 신상神像을 만들지는 않았지만, 언약궤나 놋뱀, 성전 등과 같은 상징물을 만들어 끊임없이 보이지 않는 영이신 하나님을 형상화하려 하였다. 시작은 순수한 신앙적 동기에서 만든 것이라 하더라도 시간이 흐른 뒤, 만들어진 상징물들은 본질실체을 잊게 만들고 우상偶像의 모습은 변질되었다. 히스기야 왕 때, 성전을 정화하면서 놋뱀을 '느후스단'놋 조각이라고 하면서 부숴버렸다.

> 그가 여러 산당들을 제거하며 주상을 깨뜨리며 아세라 목상을 찍으며 모세가 만들었던 놋뱀을 이스라엘 자손이 이때까지 향하여 분향하므로 그것을 부수고 느후스단이라 일컬었더라(왕하 18:4)

하나님의 집인 '성전'도 하나님의 임재를 보증하는 것은 아니었다. 성전이라도 하나님께 온전한 예배를 드리는 공간에서 인간의 탐욕을 추구하는 공간으로 변질된다면 더는 성전이 아니라 강도의 소굴로 전락하게 된다는 것이다.

성경은 예수 그리스도를 가리켜 '온전한'죄로 왜곡되지 않은 형태로써 '하나님 형상'이라고 선포하신다. 따라서 인간 세상에서 아무도 하나님을 볼 순 없지만, 예수 그리스도 안에서 우리는 하나님의 모습을 볼 수 있다.

> 예수께서 이르시되 빌립아 내가 이렇게 오래 너희와 함께 있으되 네가 나를 알지 못하느냐 나를 본 자는 아버지를 보았거늘 어찌하여 아버지를 보이라 하느냐(요 14:9)

물론, 성경이 예수 그리스도를 가리켜 하나님의 형상이라고 했을 때, 하나님 형상으로서 예수님은 유대 광야의 뜨거운 햇볕에 그을린 구릿빛 피부를 가진 여느 팔레스타인 남성 중 한 명을 가리키는 것은 아니다. 예수님께서 지니신 '하나님의 형상'이란 예수님 자신의 성품과 사역을 통해 '하나님을 드러내는 방식', 곧 예수님과 하나님 사이의 '관계 맺는 방식'에 대한 표현으로 이해되어야 한다(조용훈, 2015). 예수님께서 자신의 삶을 통해 하나님의 형상을 나타내셨다면, 그의 백성들도 자신의 삶을 통해 하나님의 형상인 모습을 드러내야 한다. 성경은 모든 인간이 하나님의 형상으로 지음을 받았다고 선언하셨다.

> [26]하나님이 이르시되 우리의 형상을 따라 우리의 모양대로 우리가 사람을 만들고 그들로 바다의 물고기와 하늘의 새와 가축과 온 땅과 땅에 기는 모든 것을 다스리게 하자 하시고 [27]하나님이 자기 형상 곧

하나님의 형상대로 사람을 창조하시되 남자와 여자를 창조하시고 [28] 하나님이 그들에게 복을 주시며 하나님이 그들에게 이르시되 생육하고 번성하여 땅에 충만하라, 땅을 정복하라, 바다의 물고기와 하늘의 새와 땅에 움직이는 모든 생물을 다스리라 하시니라 (창 1:26-28)

사람이 하나님의 형상, 즉 '모습을 지녔다.'는 뜻은 '모든 인간이 하나님처럼 존엄하다.'는 의미이다. 비록 인종이나 성, 이념(사상)이나 종교 등이 다르더라도 모든 인간은 하나님과 같이 존엄하며 존엄에 합당한 대우를 누려야 한다. 하나님께서 둘째 계명을 통해 존엄하신 하나님을 형상화, 딱지 붙이기, Label화 하려는 것을 금지하셨듯이 모든 인간에 대해서도 타자에 대해 형상화하려 해서는 안 된다. 그러나 우리의 문제는 자신의 견해에서 끊임없이 타자(이웃)를 형상화하려는 것이다. 우리는 의식적이든, 무의식적이든 상대에 대해 딱지(label)를 붙임으로써 상대를 규정하고, 소유하고, 조정하고, 통제하려 한다. '너는 착한(착하다는 딱지를 붙임)사람이야.'라는 딱지를 붙임으로 '너는 마땅히 착한 사람이 되어야 한다.'는 무서운 강요(폭력)를 하게 되는 것이다.

이웃에게 딱지(label)를 붙이지 말라는 명령은 자기 자신에게도 적용된다. 우리는 모두 하나님과 같이 신비롭고 자유스러운 존재로 지음 받았기에 이웃도, 심지어 나도 나에게 폐쇄된 자아상을 덧씌워서는 안 된다. 지금도 하나님께서는 하나님 자신이 존엄하며 존엄한 대우를 받듯이 하나님의 형상으로 지음 받은 우리도, 나도 하나님과 같이 존엄하며 존엄함을 누려야 한다고 명령하고 계신 것이다.

십계명 이해하기

제2계명은 하나님 이외에는 다른 형상이나 우상을 만들지도 말고 절하지도 말 것이며 섬기지도 말라(출 20:4-6). 여기에서 형상 form은 보이는 자연 만물들을 형상화한 것을 말한다. 우상 image이란 실제가 아닌 것들을 형상화시킨 것을 가리킨다. 특별히 '형상' form으로 하늘에 존재하는 것들은 해와 달과 별들과 새들도 있고, 땅 위에 있는 것으로는 나무나 돌이나 산 그리고 땅 위에 사는 동물들이 있다. 물속에 있는 것들은 물고기 같은 생명체들이 있다. 그러므로 사람이 유형무형의 그 어떤 것들이라도 그것들을 만들어 조각하거나 새기거나 깎거나 부어서 만들면 안 된다는 것이다. 그렇다. 사람들은 절대로 형상이나 우상을 만들지 말아야만 한다. 또한, 그런 것들에게 절대로 절하지 말아야 한다. 여기에서 절하지 말라는 말은 그런 것들에게 어떠한 예의도 갖추지 말라는 뜻이다. 그리고 그것들을 섬기지 말아야 한다.

하나님께서는 우상을 만들거나 절하거나 경배하는 자를 미워하시되 그들의 죄를 그들로부터 자손 3~4대까지 묻겠다고 말씀하신다(출 20:5, 34:7, 민 14:18). 우상숭배의 죄악을 하나님께서는 당대에서만 벌하는 것이 아니라 후대손까지 계속해서 묻겠다는 것이다. 그렇게 알려주고 가르쳐도 사람들이 하나님 이외의 것들 보이는 것들을 만들어 경배하고 섬기게 되면 어떻게 될까? 하나님은 인간들의 우상숭배 행위가 얼마나 자기 자신의 영혼과 자손들에게 어마어마하게 안 좋은 영향을 끼친다는 것을 알게 하기 위하여 다른 여타의 죄들에 비하여 과중한 벌을 내리실 것이라고 말씀하셨다.

특별히 우상숭배는 반드시 우상숭배한 제물을 먹는 것과 관련이 되어 있음으로, 신약시대에 들어와서 우상숭배와 우상숭배의 제물을 먹는 것을 같은 개념으로 보았다. 그리하여 우상숭배하거나 우상의 제물을 먹게 된다면 하나님의 저주와 징계를 받게 되는 것이다.

북한이 오랜 세월 그 우상숭배김일성를 지속한 결과가 가난과 질병 아니던가? 이제는 북한땅에서 우상숭배가 멈춰지기를 기도한다. 인간은 본능적으로 자신만의 신을 만들고 섬기기를 바란다. 그것이 해, 달, 별, 바위, 나무 등을 섬기고 인간의 나약함을 해결하기 위하여 우상을 만들고 섬기는 것이 하나님을 떠난 인간의 본성인 것이다. 인간의 형상을 우상으로 만들어 신격화하고 섬기는 북한에 엄청난 식량난과 경제 위기가 지금도 넘쳐나고 있는 것은 그들의 우상숭배에 그 원인이 있는 것이다.

제3계명
한반도 배임 背任

"너는 네 하나님 여호와의 이름을 망령되게 부르지 말라 여호와는 그의 이름을 망령되게 부르는 자를 죄 없다 하지 아니하리라"(출 20:7)

사람은 누구나 자신의 이름을 소중하게 생각하며 이름처럼 살기를 바란다. 옛 성현들은 이름을 중시하고, 가문을 중시하여 가문에 누명예를 손상하는 것을 끼치는 것에 대해 큰 수치로 여겼다. 사람들이 이처럼 이름을 소중하게 여기는 이유는 '이름'이란 '한 사람의 존재됨과 인격'을 나타내기 때문이다. 그래서 지혜자는 재물보다 명예를 더 소중하게 여기라고 교훈한다.

많은 재물보다 명예를 택할 것이요 은이나 금보다 은총을 더욱 택할 것이니라(잠 22:1)

좋은 이름이 좋은 기름보다 낫고 죽는 날이 출생하는 날보다 나으며(전 7:1)

하나님께서는 자신의 이름이 모욕당하고, 명예가 훼손당하는 것을 참지 못하고 분노하는 신이시다. 예언자 에스겔은 이스라엘 백성이 멸망하게 된 원인이 하나님의 이름과 명예를 더럽혔기 때문이라고 하였다.

> 22그러므로 너는 이스라엘 족속에게 이르기를 주 여호와께서 이같이 말씀하시기를 이스라엘 족속아 내가 이렇게 행함은 너희를 위함이 아니요 너희가 들어간 그 여러 나라에서 더럽힌 나의 거룩한 이름을 위함이라 23여러 나라 가운데에서 더럽혀진 이름 곧 너희가 그들 가운데에서 더럽힌 나의 큰 이름을 내가 거룩하게 할지라 내가 그들의 눈 앞에서 너희로 말미암아 나의 거룩함을 나타내리니 내가 여호와인 줄을 여러 나라 사람이 알리라 주 여호와의 말씀이니라(겔 36:22-23)

피조물은 감히 창조주에게 이름을 붙일 수 없다. 하나님께서 오직 자신의 이름과 존재를 피조물인 사람에게 계시해 주실 때에만 비로소 알 수 있게 되는 것이다. 하나님께서 모세에게 자신의 이름을 알려 주셨다.

> 14하나님이 모세에게 이르시되 나는 스스로 있는 자이니라 또 이르

시되 너는 이스라엘 자손에게 이같이 이르기를 스스로 있는 자가 나를 너희에게 보내셨다 하라 ¹⁵하나님이 또 모세에게 이르시되 너는 이스라엘 자손에게 이같이 이르기를 너희 조상의 하나님 여호와 곧 아브라함의 하나님, 이삭의 하나님, 야곱의 하나님께서 나를 너희에게 보내셨다 하라 이는 나의 영원한 이름이요 대대로 기억할 나의 칭호니라(출 3:14-15)

'스스로 있는 자'란 '나는 나다.' 혹은 '나는 있는 자다.'라는 말이다. 동사 '에흐예'(אהיה, Eheyeh)는 1인칭 미완료형 시제로, 그 존재가 아직 완료된 상태가 아님을 나타내는 것이다. 따라서 '나는 현재에 존재하며, 미래에도 존재할 자'임을 선포하신 것이다.

우리는 종종 하나님의 이름을 함부로 부름으로써 하나님의 인격을 훼손하고, 하나님과의 관계를 깨뜨린다.

"너희는 너희 하나님 나 여호와의 이름을 함부로 사용하지 말아라. 나 여호와는 내 이름을 함부로 사용하는 자를 그냥 두지 않을 것이다"(출 20:7 현대인의 성경)

개역 개정에서 '여호와의 이름을 망령되게 부르다.'는 것을 현대인의 성경에서는 '여호와의 이름을 함부로 사용하다.'로 번역되어 있다. 즉 여호와의 이름을 망령되게 부른다는 것은 여호와의 이름을 함부로 사용한다는 것이다. 이것은 하나님을 경배의 대상으로 섬기는 것이 아닌 자신의 목적에 맞게 사용한다는 것을 의미하는 것이다. 남북한은 모두 자신들의 체제를 유지하거나 공고화하기 위해 하나님을 도구로 사용하는 죄를 범하였다.

● **북한: 주체사상**

주체사상主體思想은 북한에서 1960~1970년대에 확립된 통치 이념이다. 김정일은 「주체사상에 대하여」에서 주체사상은 '사람을 위주로 하여 철학의 근본 문제를 제기하고 사람이 모든 것의 주인이며 모든 것을 결정한다는 철학적 원리'에 기초하고 있다고 주장하였다(김정일, 1992).

김정일에 의하면 주체사상은 철학적 원리, 사회역사원리, 지도원칙 3개 부분이다. 철학적 원리는 '사람중심의 철학', 즉 '사람이 모든 것의 주인이며 모든 것을 결정한다.'는 것이다. 사회역사원리는 '혁명과 건설의 주인은 인민대중이며 혁명과 건설을 추동하는 힘도 인민대중에게 있다.'는 논리이다. 지도원칙은 혁명과 건설에서 '주인다운 태도'를 가질 것을 요구하면서 자주적 입장과 창조적 입장을 견지하는 것이다(다음백과).

북한의 정치, 경제, 사회, 문화 등 주요 현상들을 이해하기 위해서는 주체사상을 올바르게 이해하는 것이 필요하다. 남한에서 주체사상을 제대로 이해하지 못하는 이유는 첫째, 주체사상을 남한 중심주의적 시각에서 해석하려는 경향 때문이다. 남한의 시각에서 주체사상을 분석한다는 것은 남한의 자유민주주의 이데올로기와 반공주의에서 생겨난 빨간색의 편견偏見을 가지고 주체사상을 빨갛게 칠하는 것이다. 둘째, 북한에서 주장하는 주체사상을 비판없이 받아드리는 경향 때문이다. 주체사상을 비판 없이 수용한다는 것은 모든 인간의 '주체적', '절대적 평등'이라는 허상을 좇아 구름 위를 걷겠다는 헛된 꿈이다.

> 주체사상에서 말하고 있는 '사람'이란, 자유민주주의체제에서 개개인을 뜻하는 '사람'이 아니라 '인민대중'을 의미한다. 주체사상은 마르크스-레닌주의와 스탈린주의적 수령 절대 독재를 기본이론으로 한 가운데 유교의 충효사상을 덧입혀 수령에 대한 절대적 숭배를 강조하고 있다.

> 주체사상의 기원에 대하여는 1982년 발표된 김정일의 논문 『주체사상에 대하여』에서 1930년 6월 중국 장춘현長春縣 카룬에서 열린 '공청 및 반제청년동맹 지도간부회의'에서 주체사상의 원리를 처음 천명하여 조선혁명의 주체적 노선을 밝혔다. 김정일에 따르면 주체사상은 철학적 원리, 사회역사원리, 지도원칙 등의 3개 부분으로 구성되어 있는데, 철학적 원리는 일명 '인간 중심의 새로운 철학사상'으로 '사람이 모든 것의 주인이며 모든 것을 결정한다.'는 것이며, 사회역사원리는 '혁명과 건설의 주인은 인민대중이며 혁명과 건설을 추진하는 힘도 인민대중에게 있다.'는 것이고, 지도원칙은 혁명과 건설에서 '주인으로서 태도'를 가질 것을 요구하는 것이다. 그리고 주체사상은 '혁명적 수령관'등을 동시에 내세워 수령과 인민대중의 관계를 주종관계로 규정하고 있다(『21세기 정치학대사전』 한국사전연구사, 2002).

● **남한: 신자유주의**

신자유주의Neoliberalism

신자유주의는 단순한 경제이론을 넘어 우리 사회를 추동해가는 강력한 힘이라고 말할 수 있다. 21세기 대한민국은 신자유주의를 기반으로 한 새로운 사회 질서가 형성되고 있으며, 이러한 새로운 사회 질서와 통치를 통해 개인 주체의 왜곡된 모습이 등장하고 있다.

신자유주의는 1970년대부터 나타난 '자본의 세계화'globalization of capital에 기반을 둔 경제적 자유주의 중 하나이다. 19세기 자유방임적인 자유주의의 결함에 대한 보완으로 '국가에 의한 사회 정책의 필요'를 인정하면서, 자본주의의 '자유경쟁'을 우선시하는 이념이다. 따라서 신자유주의자들은 범 세계화의 흐름에 힘입어 국가라는 틀에서 벗어나 세계적 차원에서 개인들의 능력과 창의성에 따른 경쟁을 촉진한다. 사회 전체의 발전을 위해 개개인들의 능력에 따른 차별화된 보상이 필요하다는 신념 아래 국가는 공정경쟁 보장과 사유재산권 보호 등 최소한의 안전망을 유지하는 자유시장경제체제이다.

즉 신자유주의체제는 시장의 자율성을 최고의 기준으로 삼고 있기에 공공적이며 보편적인 인간과 사회에 대한 공익적 담론은 점점 더 약화하게 된다. 그리하여 타자他者를 위한 연대나 정의, 평화 등의 공적인 가치에 대한 목소리는 점점 더 미약해지고, 오직 타인과의 경쟁 속에서 스스로 개인의 경쟁력을 높이는 것이 지고至高의 가치인 양 성공만을 추구하게 되는 것이다.

신자유주의에 따라 발생하는 사회적 문제는 여러 가지가 있겠으나 그중 가장 심각한 문제점은 사회 양극화 현상이다. 시장 경쟁에서 오직 승리만이 중요시되면서 사회적 약자에 대한 수탈·소외, 개발을 위한 환경파괴, 더 많은 소비를 위한 자원 낭비 등의 문제가 발생하게 되면서 부를 축적한 20%의 상위계층이 80%의 나머지 계층을 지배하게 되고, 상위 20%는 계속해서 부를 축적하고 그 외 80%는 점점 더 가난하게 되는 것이다.

> **신자유주의**neoliberalism, 新自由主義
> 신자유주의는 단순한 경제이론을 넘어 우리 사회를 추동해가는 강력한 힘이라고 말할 수 있다. 21세기 대한민국은 신자유주의를 기반으로 한 새로운 사회 질서가 형성되고 있으며, 이러한 새로운 사회질서와 통치를 통해 개인 주체의 왜곡된 모습이 등장하고 있다.

● **하나님 이름에 부응하는 삶**

이름이란 한 사람을 다른 사람들로부터 구별하여 부르는 명칭 이상의 의미가 있는 것이다. 우리가 어떤 사람의 이름을 부를 때, 그 사람의 이미지뿐만 아니라 그 사람 자체를 떠올리게 된다. 이름에는 다른 존재와 구별되는 그 사람만의 고유성, 개별성, 그리고 정체성이 담아져 있는 것이다. 따라서 이름이 바뀐다는 것은 인격이 바뀌고, 존재가 바뀌며, 미래의 사명도 바뀌게 되는 것이다. 이름이 인격이고 또한 존재이기에 이름에는 힘이 있다(조용훈, 2015).

특히 예수님의 이름은 능력이 있어 제자들은 예수의 이름으로 귀신을 쫓아내고(눅 10:17-18), 걷지 못하는 사람을 일으켜 세웠다(행 3:6). 우리는 예수님의 이름을 힘입어 죄 사함을 받으며(행 10:43, 요일 2:12), 그 이름을 부름으로써 영생을 얻는다(행 2:21, 4:12).

우리가 상대의 이름을 모르면 부를 수 없고, 말을 걸지 못하면 관계를 맺을 수 없듯이 인간이 하나님과 관계를 맺고 하나님께 예배를 드린다는 것은 우리가 하나님의 이름을 부를 수 있을 때, 가능한 것이다. '이름 부르기'란 단지 상대를 호칭하는 것만이 아닌 상대와 관계를 맺는 방식이다.

> 하나님께서 '아브람'존귀한 아버지은 '아브라함'열국의 아비으로, '야곱'발꿈치를 붙잡은 자은 '이스라엘'하나님과 겨루어 이긴 자로 이름을 바꿔 주심으로 삶의 모든 것이 변하게 되었다. 어부였던 '시몬'은 예수님을 만나 '베드로'반석라는 새 이름을 얻게 되면서 예수님의 제자사명자로 삶이 변화되었다.

좋은 관계를 맺으려면 상대의 이름을 제대로 부를 뿐만 아니라, 그에 적합한 이름을 붙여 주어야 한다. 성경은 하나님의 본성과 성품에 어울리는 이름이 바로 '거룩'이라고 했다. 우리가 하나님과 친밀한 관계 속에서 하나님의 이름을 바로 사용한다는 의미는 하나님의 이름에 '걸맞은' 삶을 산다는 뜻이다.

'하나님의 이름을 거룩하게 하라.'는 의미는 그분의 주님 되심을 인정하여 그분께 모든 영광을 돌리는 삶을 살라는 말씀이다. 우리가 하나님의 이름을 부를 때, 〈알라딘〉의 요술 램프 속 '지니'를 불러내어 심부름을 시키거나, 도깨비방망이로 땅을 치면서 소원을 외치듯 하나님의 이름을 불러서는 안 된다는 것이다. 우리가 하나님의 이름에 영광을 돌린다는 의미는 그 아름다운 이름을 알지 못하는 세상 사람들에게 그 이름을 널리 알리고 그 이름을 자랑하며 살아가는 삶을 사는 것이다.

예수님은 셋째 계명을 부정적이고 소극적인 표현^{'망령되게 부르지 말라'}을 긍정적이고 적극적으로 재해석^{'아버지의 이름을 거룩하게 하옵소서'} 하셨다.

> 그러므로 너희는 이렇게 기도하라 하늘에 계신 우리 아버지여 이름이 거룩히 여김을 받으시오며(마 6:9)

이것은 인간의 헛된 목적을 위해 하나님의 이름을 헛되게 사용하지 않는 소극적 윤리 상태에서 만족하는 대신에 하나님의 이름을 거룩하게 하고 그 이름에 걸맞은 삶을 사는 대로 나아가길 명령한 것이다. 하나님의 이름을 부르는 언약 백성이 '하나님의 백성답게' 살아갈 때라야 하나님의 이름도 '거룩하게' 되는 것이다. 그러므로 하나님의 이름을 함부로 불러서는 안 된다는 소극적인 의미를 넘어 하나님의 이름을 올바로 사용함으로써 하나님과 바른 관계를 맺는 것이다.

십계명 이해하기

하나님을 뜻하는 엘El은 '능력', '힘', '강한'의 의미가 있는 말로써 당시 가나안 주변의 여러 나라에서 전능하신 여호와 하나님을 포함해 인간이 아닌 신을 언급할 때 사용했던 말이다. 그리고 '엘로힘'은 '엘'의 복수형이다. 그뿐만 아니라 '생명의 힘'이란 뜻으로 '전능하신 하나님'을 가리키기도 한다. 또한 그 외에도 '엘'이 포함된 명칭이 있는데 '엘 샤다이'모든 것에 넉넉하신 하나님, '엘 로이'보고 계시는 하나님, '엘 엘리온'지극히 높으신 하나님 등이 있다.

이름은 보통 대상의 성품과 인격을 대신한다. 그래서 여호와 하나님의 이름은 결국 하나님 자체의 속성과 본질을 가리킨다. 하나님의 모든 이름은 모두 한 가지의 목적을 가지고 있다. 그것은 하나님의 특성과 능력을 표현하고 있다는 것이다. 여호와 하나님의 이름은 여호와 하나님 자신이다.

그래서 누구든지 여호와 하나님의 이름을 부른다는 것과 사람의 입술로 여호와 하나님의 이름을 말한다는 것은, 여호와 하나님 존재 자체를 의미하는 것이고, 여호와 하나님의 이름을 모독하는 것은 바로 여호와 하나님 존재 자체를 없다고 무시하고 여호와 하나님의 거룩한 성품을 훼손하는 행위가 된다. 그리하여 여호와 하나님께서는 여호와 하나님의 이름을 '망령되이', 즉 무의미하게 그리고 거칠고 무법하게 사용함을 금하고 있다.

여기에서 '망령되이'에 해당하는 말은 무질서한 것, 낭비된 것, 소모하는 것을 뜻한다. 이 말은 '함부로', '헛되이,' '쓸데없이'라고 번역하는 것이 일반적이고 좋다. 그리고 '일컫지'는 '적용하다', '사용하다'는 의미가 있다. 즉 여호와 하나님의 이름을 단순하게 부르는 것이 아니라, 모든 경우에도 사용되는 것을 말한다. 따라서 이 말을 바로 말하면 '허탄한 일에 사용하지 말라.'이다.

제3계명은 여호와 하나님의 거룩한 이름을 경외하라는 계명이다. 즉 여호와 하나님은 자기 자신의 여러 가지 이름을 통해 당신의 속성과 품성을 인간들에게 알려주셨다. 그리하여 여호와 하나님의 이름은 곧 그분의 영광과 존재를 직접적으로 알려준다. 그러므로 우리 인간은 당연히 순수하며 진실한 기도와 찬양과 감사로 그 이름 여호와 하나님을 합당하게 사용하여 영광을 돌려야 된다.

그 이름을 헛되게 함부로 망령되이 부르거나, 믿음 없이 호칭하거나, 여호와 하나님보다 자기 자신의 유익을 위해 이용하거나, 무익한 맹세에 여호와 하나님의 이름을 걸지 말라는 것이다. 또한 하나님께 저주나 악담 그리고 농담이나 희롱 등에 함부로 여호와 하나님의 이름을 말해서는 안 된다.

이러한 사실을 우리가 고려할 때, 여호와 하나님의 거룩한 이름은 예배와 찬양, 경배와 같은 그분을 높이는 목적 이외에 다른 목적으로 언급해서는 안 된다는 것을 알 수가 있다. 그렇지 못할 때 그것이 바로 신성모독이고 죄다.

북한은 하나님의 이름을 모독하거나 망령되게 하나님의 이름을 부르고 있다. 평양에서 기독교의 대부흥 역사가 존재했던 북한땅에 하나님의 이름을 부르면 잡혀가는 그 땅을 하나님께서 회복시켜 주시기를 간절히 바란다.

제4계명
한반도 불평등 不平等

"안식일을 기억하여 거룩하게 지키라 엿새 동안은 힘써 네 모든 일을 행할 것이나 일곱째 날은 네 하나님 여호와의 안식일인즉 너나 네 아들이나 네 딸이나 네 남종이나 네 여종이나 네 가축이나 네 문안에 머무는 객이라도 아무 일도 하지 말라 이는 엿새 동안에 나 여호와가 하늘과 땅과 바다와 그 가운데 모든 것을 만들고 일곱째 날에 쉬었음이라 그러므로 나 여호와가 안식일을 복되게 하여 그 날을 거룩하게 하였느니라"(출 20:8-11)

'사회 모든 구성원, 즉 주인이나 노예, 남자나 여자, 소아나 노인 등 신분, 성별, 나이, 사회적 배경과 무관하게 모든 사람은 일주일 중 지정된 하루는 반드시 쉬어야 한다.'는 생각은 고대나 현대 그 어떤 사회문명권에서도 나타나지 않는 독특한 이스라엘의 사상이다. 왜냐하면 '쉼'이란 오직 신이나 신의 대리자통치자, 또는 가진 자만이 누릴 수 있는 아주 특별한 특권이지 모든 사람의 것은 아니기 때문이다(조용훈, 2015).

만일 넷째 계명인 안식일 계명이 없었다면, 왕이나 지배계층으로 태어나지 못한 일반 백성이나 노예들은 일 년 내내 하루도 쉬지 못한 채 일만을 해야 했을 것이다. 하지만 안식일 계명으로 인해 비록 하층 계급에 속한 사람들이라 하더라도 일주일에 하루는 쉼을 보장받을 수 있었다.

유감스럽게도 오늘날 기독교인에게조차 주일은 하나님을 예배하는 '거룩한 날'holy day이 아니라, 그냥 쉰다는 의미의 '공휴일'holiday로 간주하는 경향이 있다. 이는 주님을 위한 날에서 인간, 즉 나를 위한 날로 변질되었다는 것이다.

> 안식安息이란 '하던 일을 그치고 편안하게 숨을 쉰다.'는 것으로 "안식일에는 아무 일도 하지 말아야 한다(레 23:3)."는 것이다. 즉 안식일의 '일단 멈춤'은 파종 때나 추수 때처럼 매우 바쁠 때도 반드시 지켜야 하는 절대명령이다(출 34:21). 일한 만큼 돈을 벌 수 있는 자본주의 사회에서 '쉰다.', '멈춘다.'는 것은 바로 '손해를 본다.'는 것으로, '남들보다 뒤처지게 된다.'는 의미를 내포하고 있다. 욕심欲望이 커질수록 다른 사람보다 더 많이 가지고, 남들보다 더 높은 자리에 올라가야만 내가 남을 이길 수 있는데, 안식일이기에 때문에 모든 일을 멈춰야 한다는 것은 '인간의 본성을 거스르는 극단적 행동'을 명령하신 것이다.

하나님께서는 넷째 계명인 안식일 계명을 통해 모든 인간은 하나님 앞에서 평등함을 선포하셨으나 남북한에는 여전히 사람에 대한 구분을 가지고 있으며, 만들어진 구분으로 인해 여전히 불평등지배자와 피지배자, 또는 가진 자와 가지지 못한 자이 존재하는 하나님 없는 지옥과 같은 삶을 강요하고 있다.

● 북한: 출신성분 - 3대 계층 분류, 평양주민

1957년부터 북한은 성분차별정책을 시행했다. 김일성은 '종파 사건'1956년 8월을 계기로 연안파 및 소련파 등 반대파들을 숙청한 이후, 중앙당 집중지도 사업1957~60년 말까지을 통하여 북한 주민 전체를 출신성분과 사상 경향을 조사하여 '혁명을 지지하는 자'와 '혁명을 반대하는 자', 즉 김일성의 통치를 지지하는 자와 반대하는 자를 가려 나我와 적敵을 구별하였다. 북한 주민을 '믿을 수 있는 계층'과 '믿을 수 없는 계층'으로 나누고 이를 다시 유사시 어떤 상황이라 할지라도 김일성과 북한정권을 '절대적으로 지지할 계층'과 상황에 따라 지지한 것에 대해 철회할 가능성이 있는 '동요할 가능성이 있는 계층', 그리고 언제든 반역을 꾀할 수 있는 '유사시 적대 세력으로 전환 가능한 계층'으로 구분하였다. 북한 정권이 성분차별정책을 시행한 이유는 전쟁이 났을 때, 무기를 들고 싸울 자와 적과 내통할 가능성이 커서 사전에 처치해야 할 대상을 분명하게 하려는 것이었다.

북한 로동당이 작성한 인민분류목록1971년 2월 1일을 보면 북한주민을 핵심계층·동요계층·적대계층으로 다시 51부류로 세분화하였다. 핵심계층은 어떠한 역경 속에서도 북한 정권을 지지할 충성하는 사람들이고, 동요 계층은 유사시 북한체제에 대한 확고한 지지를 기대할 수 없는 사람들이다. 적대계층은 김일성정권을 거부하여 반혁명분자 또는 잠재적 반혁명분자가 될 가능성이 있는 사람들이다.

> 「중앙당집중지도 및 주민등록사업(1971)」 결과를 살펴보면 북한주민 계층구성은 핵심계층이 약 3,915,000명(87만 가구), 동요계층이 약 3,150,000명(70만 가구), 적대계층이 약 7,935,000명(173만 가구)으로 집계된 것을 알 수 있다. 이것은 복잡계층, 즉 동요계층과 적대계층을 합친 숫자가 1970년도 당시 북한인구의 절반이 넘었으며 적대계층만도 북한 전체인구의 3분의 1이나 되었다.

북한에서 동요계층과 적대계층으로 낙인찍히면 조선로동당 당원이 될 수 없으며, 좋은 대학 입학, 간부직 등용 등 북한 사회에서 출세했다고 할 수 있는 성공 기회에서 배제당하거나 불이익을 받게 된다. 이러한 불이익과 사회적 차별은 자기 자신만 받는 것이 아니라 가족과 후손에게까지 영향을 미친다. 결정된 계급적 출신 배경으로 인해 개인의 정치적 성향이나 능력과는 상관없이 성공할 기회조차 없게 되는 것이다. 지금도 북한에서는 핵심계층, 동요계층, 적대계층의 성분분류에 의해 사회적 차별이 지속되고 있다.

더욱이 한번 낙인찍힌 사람은 북한 사회에서 더 이상의 희망이 없게 되므로 진정한 의미에서 적대 세력으로 되는 경향이 많다. 북한의 성분분류정책은 북한 사회를 계층 간 분열을 심화시키고, 오히려 적대 세력을 양산하는 결과를 가져왔다고 할 수도 있다. 탈북하여 남한으로 온 대부분의 탈북민^{통일민}은 복잡계층^{동요계층과 적대계층} 출신이 많다.

● **남한: 양극화 - 중산층 몰락**

남한 사회에서 나타나고 있는 양극화^{polarization}현상은 어느 특정 영역에서만이 아니라 전 영역에서 나타나는 현상이며, 집단 간의 다름^{차이}에 대한 인식이 극단적이어서 서로를 이해하고 협력하기보다는 갈등과 배척의 관계가 견고해지는 경향이 강하게 나타나고 있다. 양극화란 '점점 더 달라지고 멀어진다.'는 뜻으로 경제적 소득 수준의 격차를 중산층이 몰락하게 되고 상류층과 하류층만 존재하게 되는 이질적인 양극단 상태를 말하는 것이다. 더욱이 경제적 양극화는 생활 수준, 교육, 의료혜택, 여가활동 등과 같이 다양한 영역의 양극화를 가져오는 주요한 원인으로 작용하게 된다.

양극화兩極化, polarization

둘 이상의 물체나 사람 또는 집단이 상반되는 경향으로 분리되는 현상을 말한다. 사회행동주의와 지역사회조직community organization에서 이 용어는 조직의 구성원들이 한 가지 문제나 정책을 놓고 양 진영으로 대립하여 조직이 의사결정을 할 수 없는 상태에 이르는 과정을 지칭할 때 사용된다(이철수, 2013).
한국사회 양극화현상兩極化現像은 1990년대 후반부터 본격적으로 벌어지기 시작했으며, 경제적 불평등은 사회, 문화 등 다양한 분야에서 초래하고 있다. 한국사회는 1960년대 산업화 이후 고도 경제성장을 이룩하는 과정에서 절대 빈곤이 약화되고 '중산층'이 형성되었으나 1997년 IMF 외환경제위기로 인해 기업 구조조정과 대규모 해고解雇가 벌어지고, 미비한 사회복지제도로 실업과 고용불안이 만연하게 되었다. 더구나 '고용 없는 성장'이 지속되면서 소득, 자산 불평등이 심화되었고, 조세정책상 부의 재분배 기능은 거의 작동하지 못하고 있다. 양극화현상은 시간이 갈수록 더욱 심화되고 있으며, 경제적 불평등은 사회, 문화, 교육 등 제諸분야에서 양극화를 심화시켜 사회통합에 부정적 영향을 주고 있다(한국민족문화대백과).

흔히 사회 양극화라고 하면 사회적 분리social segregation와 사회적 배제social exclusion로 사회 모든 분야에서 복잡한 연결고리를 형성하면서 나타난다. 고용과 소득의 양극화는 사회경제적인 분리socioeconomic status segregation를 발생시키고, 사회경제적인 분리는 거주지 분리geographical segregation로 나타나며, 이것은 다시 교육적 분리education segregation로 이어지게 되는 것이다. 따라서 양극화는 '개인'이 아니라 '집단'을 말하는 것으로 특정한 극poles을 중심으로 집중하는 현상, 즉 집단의 집락화 현상clustering of attributes이다.

> **집락화 현상** clustering of attributes
> 부·소득, 교육, 직업 등과 같이 특정, 속성, 특징이 같은 집단에 속하는 사람들끼리는 비슷해지고, 자신들의 집단에 속하지 않는 다른 구성원들과는 점점 구별되는 것을 말한다.

결론적으로 양극화는 동질적이지 않은 집단에 대해 배척^{거부}하는 사회인 것이다. 따라서 양극화는 사회 구조적 모순^{矛盾}이 총체적으로 작용하여 나타난 사회적 결과물로 비인간화된 사회의 모습이다. 비정규직 노동자, 청년 실업자, 영세한 상인이나 소규모 자영업자, 탈북민, 조선족, 외국인 노동자 등이 우리 삶에서 계속 주변화되어 가고, 동시에 보다 많은 것을 가진 사람들, 많은 부와 높은 교육 수준, 좋은 직업 등은 우위를 공고히 하여 더 많은 이윤과 권한을 지속해서 창출하는 것이다. 양극화에 대해 다양한 논의가 있지만, 공통적인 것은 양극화 현상이 사회 갈등을 심화시키며 공동체성을 훼손하고 사회 안정과 발전에 저해된다는 것이다.

> **디지털 양극화 현상**
> 획득된 정보의 양과 정보 습득 속도는 또 하나의 자원으로 기능을 한다. 디지털 기기(핸드폰, 컴퓨터 등)는 소통과 정보 획득의 중요한 도구로 활용되고 있다. 그런데 세대와 교육 정도에 따라 디지털 활용과 접근에 차이가 발생한다. 급속한 속도로 디지털 기기의 신제품이 개발되고 소비를 일으키고 생활의 변화를 가져오는 이때 빠른 속도로 진화하는 변화에 적응하지 못하는 집단(세대)들은 정보를 획득·사용하는 데에 점점 뒤처지게 된다. 디지털 기기와 시공간을 초월하는 온라인에서의 의사소통 및 정보 습득 정도 등에 따라 새로운 힘(정보)을 가진 집단(세대)과 힘(정보)을 가지지 못한 집단(세대)으로 양분되고 있다.

● 온전한 평등

넷째 계명인 안식일 계명을 단순히 종이나 나그네, 가축과 땅에 대한 인도주의적 관점이나 사회적 평등, 생태적 지혜라는 차원으로만 생각해서는 안 되며, 신학적 관점, 즉 하나님의 관점으로 접근해야 한다. 왜냐하면, 안식일은 유대인과 이방인, 다시 말해 선택받은 하나님의 백성과 선택받지 못한 이방인을 구분하는 핵심 지표인 것이다. 지금도 정통 유대인들은 안식일 법을 지키기 위해 금요일 해가 지면 상점 문을 닫고, 자동차 운행을 금지하며, 호텔 엘리베이터 버튼조차 누르지 않게 자동 운행 모드로 바꾼다.

남종과 여종이 주인과 같이 '평등하게 쉴 수 있게 하라.'는 명령은 사회적 평등에 대한 하나님의 비전인 것이다. 이 계명에 따라 살게 되면 평일에는 주인과 노예라는 신분으로 구분되지만, 안식일에는 모든 사람이 하나님 앞에서 평등해지기 때문이다. 안식일이 지닌 사회적 평등의 비전은 매 칠 년마다 맞이하는 안식년免除年에도 나타난다(신 15장). 안식년이 되면 이스라엘 백성은 동족에게 꾸어준 빚을 면제免除해 주어야 하며, 안식년이 얼마 남지 않아서 꾸어주지 않으려는 행위는 엄격하게 금지되며, 주인은 자기 집에 있는 남·여종을 반드시 풀어주어야 했다. 면제받은 종들은 종살이에서 자유롭게 해방되는 것뿐만 아니라 독립적으로 생계를 유지할 수 있을 정도의 가축과 곡식을 받을 수 있었다. 이렇게 함으로 해방된 종이 다시 남의 집 종으로 전락하지 않게 되고, 궁극적으로 사회에서 가난한 사람이 사라지게 될 것을 믿었기 때문이다(조용훈, 2015).

> ⁴네가 만일 네 하나님 여호와의 말씀만 듣고 내가 오늘 네게 내리는 그 명령을 다 지켜 행하면 ⁵네 하나님 여호와께서 네게 기업으로 주신 땅에서 네가 반드시 복을 받으리니 너희 중에 가난한 자가 없으리라(신 15:4-5)

일곱 번의 안식년 다음 해인 50년째에 맞는 '희년'Jubilee에는 부채탕감과 노예해방, 그리고 땅의 쉼과 토지반환이 이루어진다(레 25:8-

17). 희년이 되면 전국에서 뿔 나팔을 크게 불어 모든 주민에게 자유가 선포되었다. 이 해에 빚 때문에 땅을 팔았던 사람은 도로 자기의 땅을 찾게 되며, 채무 때문에 남의 종이 되었던 사람은 자유롭게 집으로 돌아갈 수 있다. 이것은 처음 출발할 당시의 평등하고 자유로운 사회·경제적 관계로 회복하는 것이다.

> **안식일에서 주일主日로**
> 안식일을 문자 그대로 지키는 유대교나 제칠일안식일예수재림교회는 기독교가 '안식일' 대신 '주일'을 지키는 것을 비非성경적이라고 비판하지만 기독교가 안식일을 주일로 대체한 데는 몇 가지 역사적·성경적 근거가 있다(『우리 시대를 위한 하나님의 열 가지 말씀: 십계명의 영성과 윤리』 조용훈, 2015).
> ① 초기 기독교인들은 안식일뿐만 아니라 '안식 후 첫날'인 주일도 지켰다(눅 24:1, 요 20:1, 행 20:7). 안식 후 첫날주일을 안식일보다 더 중요하게 여긴 것은 예수님의 부활을 기념하는 날로 받아드렸기 때문이다. 그 때문에 기독교를 국교로 정한 로마의 콘스탄티누스 황제가 주일에 노동이나 상거래 행위를 법률로 금지321년하면서 안식일은 주일로 흡수되었다.
> ② 기독교가 안식일을 주일로 대체한 신학적 이유는 예수 그리스도의 부활 사건이 안식일의 목적이라고 보았기 때문이다. 예수님은 자신을 '안식일의 주인'(마 12:8)이요, 참된 안식을 가져다주는 자(마 11:28-30)라고 말씀하셨다. 이러한 신학적 근거에서 칼빈은 주일에 누리는 자유와 행복을 장차 하나님 나라에서 맛보게 될 영원한 안식의 '예표'나 '보증', 또는 '선취先取'로 묘사하였다.

십계명 이해하기

　10계명 중 제4계명은 가장 긴 계명이다. 그뿐만 아니라 인간과 하나님과의 관계를 규정하는 계명에서 마지막 계명이다. 대부분 제4계명을 해석할 때에는 '거룩히 지키라.'는 말씀에 중점을 두고 '기억하여'라는 말에는 중점을 두지 않는 편이다. 히브리어 원어에 '기억하여'는 '기억하라.'의 명령형이다. 영어성경으로 해석해보면 'Remember the Sabbath day, to keep it holy'라고 정확하게 번역되어 있다. '기억하라.'는 주명령동사主命令動詞이다. 제4계명의 내용은 '안식일을 기억함으로써 그날을 거룩하게 지킬 수 있다.'는 뜻이 된다.

　그래서 안식일을 기억하지 않고는 거룩하게 지킬 수 없다는 말이 된다. 그러므로 안식일을 기억한다는 것이 가장 기본중의 기본이 되는 것이며 중요한 임무이다. 주일예배도 마찬가지다. 그날을 기억하지 않는데 어떻게 주일을 거룩하게 지킬 수가 있겠는가? 기억한다는 것은 우리 마음에 담아둔다는 뜻이다.

　'거룩하다.'는 히브리어 '카다쉬'인데 이 말은 '구별하여 성결케 하다.'라는 뜻이다. '안식일을 거룩히 지킨다.'는 말은 여호와 하나님께서 창조 사역을 다 마치시고 난 뒤 특별한 날을 택하여 안식하셨듯이 바로 그날을 특별하게 성별하여 거룩하신 여호와 하나님께 예배드리며 천지만물의 창조자요 주관자이신 여호와 하나님께만 영광을 돌려야 한다.

그렇다면 우리가 어떻게 예배하는 것이 구별된 안식일을 거룩히 지키는 방법일까? 그것은 우선 6일 동안 우리에게 맡겨진 본분에 충성을 다하는 것이다. 여기에서 '힘써'라는 단어를 특별하게 유의할 필요가 있다. 안식일 준수의 계명이 안식일 당일에만 관련된 것으로 오해하기가 쉽다. 여호와 하나님께서도 6일 동안 창조 사역에 몰두하셨듯이, 이 엿새 동안에도 자기 자신의 일에 충실한 것은 안식일을 거룩하게 지키도록 명령받은 주의 백성들의 매우 당연한 본분이며 중요한 의무이다.

안식일을 기억하여 거룩하게 지키는 일이 북한에서는 결코 이루어질 수 없다. 교회가 파괴되고 하나님께 거룩하게 예배할 수 없는 북한의 공산주의는 하나님께서 명령하신 안식일을 거룩하게 지키는 귀한 일을 하지 못하고 있다. 지하 교회의 성도들과 북한 땅에 복음의 씨앗이 뿌려지기를 간절히 바라는 남한 땅의 성도들 기도가 하나님께 상달되어 저 북한 땅에 거룩한 예배가 회복되고 안식일이 지켜지는 역사가 일어나기를 기도한다.

제5계명
한반도 권력權力

"네 부모를 공경하라 그리하면 네 하나님 여호와가 네게 준 땅에서 네 생명이 길리라"(출 20:12)

부모님께 효도해야 한다는 생각은 동서양을 막론하고 과거와 현재에 변함없는 인간의 가장 기본적이고 보편적인 도덕 규범이다. 성경 역시 부모 공경을 신앙생활과 사회생활의 가장 핵심적인 가치로 여기고 있다. 부모 공경 계명이 하나님과 관계된 첫 번째 돌판과 인간사회와 관계된 두 번째 돌판을 이어주는 역할을 하는 것을 통해 알 수 있다. 이스라엘 백성들은 부모를 지상에서 하나님을 대리하는 존재로 받아들였기에 부모 불경 행위는 아주 심각한 신앙적, 사회적 범죄로 여겨 부모 불경죄를 사형으로 엄히 다스렸다.

[18]사람에게 완악하고 패역한 아들이 있어 그의 아버지의 말이나 그 어머니의 말을 순종하지 아니하고 부모가 징계하여도 순종하지 아니하거든 [19]그의 부모가 그를 끌고 성문에 이르러 그 성읍 장로들에게

나아가서 20그 성읍 장로들에게 말하기를 우리의 이 자식은 완악하고 패역하여 우리 말을 듣지 아니하고 방탕하며 술에 잠긴 자라 하면 21그 성읍의 모든 사람들이 그를 돌로 쳐죽일지니 이같이 네가 너희 중에서 악을 제하라 그리하면 온 이스라엘이 듣고 두려워하리라(신 21:18-21)

다섯째 계명인 부모 공경 계명에 대해 누가 이 계명을 듣고 순종해야 하는가에 대해 사람들은 흔히 어린이나 청소년들이 이 계명을 듣고 부모의 말에 복종하는 것을 가르치는 교육용 계명이라고 생각한다. 하지만 이 계명이 본래 염두에 두고 있는 대상은 어린이나 청소년이 아니라 결혼해서 자녀를 두고 있는 성인이다. 노인 세대에 대한 성인 세대의 의무를 가르치는 계명으로 성인 스스로가 '자기 교육용'으로 적용해야 하는 계명이다.

하나님께서는 노후 책임을 전적으로 자녀에게 의존해야 했던 고대 사회에서 존중받지 못하는 노인의 삶의 처지가 얼마나 비참한지를 염두에 두고 명령하신 것이다(조용훈, 2015). 그런데 하나님께서 왜 모든 사회와 모든 인간이 보편적 가치로 여기는 '부모 공경' 계명에 축복의 약속을 하셨는가 하는 점을 기억해야 한다. 모든 인류는 부모 공경이 사회의 기본이며, 사람됨의 가장 근본임을 알지만, 누구나 부모를 공경하지 않는다는 것이다. 부모가 된다는 것이 일정한 교육

과정을 이수하거나 특별한 준비를 한 후 되는 것이 아니기에 연습이 없는 인생에서 부모가 되고 자녀가 되므로 가장 사랑하며 존경해야 하는 부모·자녀 관계가 가장 큰 상처의 근원이 되기 때문이다.

성경에서 부모를 공경해야 한다는 것이 부모가 부모답기 때문에 부모가 부모로서 자녀를 사랑하며 성실히 책임을 감당했기 때문에 공경해야 한다고 말씀하시는 것이 아니라 '주 안에서'(엡 6:1), 즉 '주님을 믿는 사람으로서 마땅히 해야 할 일'(엡 6:1 공동번역)이라고 말씀하시기 때문이다. 즉 부모가 자녀를 사랑하든, 부모로서 책임을 다하든, 어떠하든지 간에 하나님을 믿는 믿음의 증표로 부모를 공경해야 한다는 것입니다. 부모를 공경한다는 것은 단순히 도덕적·윤리적 차원의 '효'를 넘어선 믿음의 문제이기에 약속을 주신 것이다.

> [1]자녀들아 주 안에서 너희 부모에게 순종하라 이것이 옳으니라 [2]네 아버지와 어머니를 공경하라 이것은 약속이 있는 첫 계명이니 [3]이로써 네가 잘되고 땅에서 장수하리라(엡 6:1-3)

따라서 부모를 공경한다는 것은 믿음의 증거, 즉 하나님에 대한 신뢰의 문제인 것이다. 이것은 개인적 차원에서는 부모의 권위를 인정하고 순종하는 부모 공경이라면, 사회^{국가}적 차원에서는 '세상 권세에 대한 하나님의 위임을 인정할 수 있느냐.' 하는 것이다.

● 북한: 수령체제와 3대 세습

북한에서 '수령'은 3대 세습 통치자들, 즉 김일성^{1912~1994년}, 김정일^{1942~2011년}, 김정은^{1984년 1월 8일 출생} 모두를 일컫는 칭호로 생각하는 경향이 있는데, 수령은 오직 김일성만을 가리키는 유일한 호칭이다. 김정일과 김정은은 '영도자'일뿐 수령이 될 수 없고, 오직 김일성과 함께 불릴 때에만 '수령들'로 칭호된다. 수령과 영도자의 구별은 단순한 호칭적 차이가 아닌 정책 결정과 집행과정 등 모든 부분에서 차이가 있다. 예를 들어 3대 통치자의 연설, 담화, 보고, 서한 등을 집대성하여 '교시'와 '말씀'으로 구분하는데, 김일성의 문헌은 '수령님의 교시'이고, 김정일의 문헌은 '장군님의 말씀', 김정은의 문헌은 '원수님의 말씀'으로 교시와 구별된다.

북한은 삼부자의 정당성을 "태양의 주위를 도는 행성"으로 비유해서 주민들에게 교육하고 있다. '태양'은 수령 김일성, 태양의 주위는 도는 행성은 영도자로서 김정일은 '광명성', 김정은은 '북극성'으로 표현하고 있다. 수령은 당과 국가의 최고 직위와 같이 선거를 통해 선출되는 것이 아니라, 자연발생적으로 출현한 초인간적인 '유시무종^{有} $_{始無終}$'의 존재로, 수령의 출현은 역사상 한번뿐(황장엽, 2005)이라고 규정된다. 따라서 인간으로서의 김일성은 죽었으나, 수령으로서의 김일성은 영생하며 시대를 초월해 지금도 북한을 영도^{領導}하고 있다는 것이다.

유일사상체계의 확립^{1967년}으로 구체화된 수령체제에서 수령은 당과 국가를 초월하는 절대적인 정치적 존재가 되었다. 제5차 당 대회$^{1970년\ 11월}$에서 북한은 당 규약을 개정하여 김일성의 주체사상을 마르크스-레닌주의와 함께 당의 공식적인 지도이념으로 명시하였다. 또한 사회주의 헌법^{1972년}에서 주체사상을 국가지도이념으로 격상시켰다. 이로써 유일사상체계에 대한 수령의 제도적 기반을 주체사상 안에서 공고히 하게 된 것이다.

북한에서 수령은 '혁명과 건설에서 절대적 지위를 차지하고 결정적 역할을 수행하는 당과 혁명의 탁월한 영도자'로 정의하고 있다. 수령을 중심으로 한 북한식 정치체제는 사회주의 정치의 일반적 특성인 당-국가 체제에서 최고 지도자의 인격화된 지배가 관철되는 권력 형태라고 할 수 있다. 이 체제에서는 공식적인 절차나 규정보다 최고 지도자를 중심으로 형성된 인격화된 연줄망이 보다 중요하게 기능하며, 관료제를 통한 정책형성보다는 최고 지도자의 권위에 의존하는 정책결정 방식이 부각된다(다음백과).

북한에서 김일성 직계 가족을 "백두혈통"白頭血統이라고 한다. 백두혈통의 유래는 김일성이 그의 부인 김정숙과 함께 백두산 지역에서 항일투쟁을 벌인 것을 기념하면서 생겨났다. 아버지 김일성 사망 후 집권한 김정일은 후계체제 정당성 및 체제 선전 도구로 '백두혈통'을 강조하기 시작하였다. 할아버지, 아버지 이후 집권한 김정은 역시 자신의 권력 세습의 정통성 명분을 백두혈통에서 근거하고 있다. 이는 오직 백두혈통만이 '혁명 위업의 계승자'가 될 수 있다는 주장에서 기인한 것이다. 현재 김정은, 김여정, 김정철, 김한솔, 김경희 등이 백두혈통에 해당한다고 할 수 있다. 김정은의 여동생인 김여정당시 당 중앙위원회 제1부부장이 평창동계올림픽 고위급대표단 단원으로 남한에 방문한 것2018년 2월 9~11일은 백두혈통 일원으로서는 최초로 남한을 방문한 것이다.

북한은 '이원적 생명관'으로 인간의 생명을 '육체적 생명'과 '정치적 생명'으로 구별한다. 이것은 김정일이 조선로동당 중앙위원회에서 "주체사상 교양에서 제기되는 몇 가지 문제에 대하여"1986년 7월 15일라는 담화를 하였는데. 이때 '수령-당-대중'이라는 '사회정치적 생명체론'을 주장하였다. 김정일은 '사회정치적 생명체'에서 수령의 지위와 역할을 '생명체의 생명 활동을 통일적으로 지휘하는 중심'이라고 주장하면서, '인민 대중의 창조적 활동을 통일적으로 지휘하는 중심'으로 정의하였다. 또한 '인민 대중은 당의 령도 밑에 수령을 중심으로 조직 사상적으로 결속'하여 영생하는 정치적 생명을 얻을 수 있다고 함으로써 영도자의 지위와 역할도 함께 강조하였다. 사회정치적 생명체로서 인민 대중들이 영생하는 생명을 얻기 위해서는 당 조직을 통하여 수령과 조직 사상적으로 결합되고, 당과 운명을 같이 하게 될 때만 가능하다고 당의 역할도 강조하고 있다.

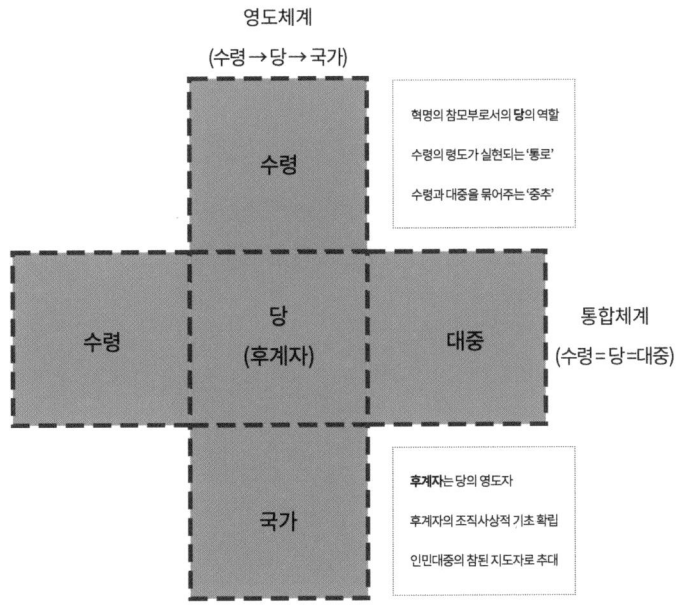

북한에서 후계자를 선택하는 것은 수령의 고유 권한이다. '로동 계급의 수령은 혁명 위업을 대를 이어 계승하여 완성할 혁명의 참다

운 후계자를 키운다.'며 오직 수령만이 혁명의 후계자를 키울 수 있다고 규정하고 있다. 노동계급의 혁명 투쟁에서 수령과 후계자는 모두 절대적 지위와 결정적 역할을 하므로 본질상 같다고 할 수 있다. 그러나 한 가지 차이점이 있다. 수령은 노동계급의 혁명 위업을 개척하는 것이며, 후계자는 수령의 혁명 위업을 계승하고 완성하는데 절대적·결정적 역할을 한다. 따라서 후계자에게는 두 시기가 존재한다. 하나는 수령의 혁명 위업을 보좌하는 지위로서 시기가 있고, 다음은 고유한 의미에서 수령의 지위를 갖는 시기가 있다. 전자는 후계자의 역할로서 수령의 혁명 위업을 계승하는 시기이며, 후자는 수령의 역할로서 노동계급의 새로운 혁명 위업을 개척하는 시기이다. 북한의 후계자는 수령을 측근에서 보좌하는 시기가 있고, 이후 선임수령의 뒤를 이어 고유한 의미에서의 수령의 지위를 차지하는 시기가 있다.

> 북한은 수령의 '건강'과 '사업의 보좌'를 혁명적 과제로 여기고 있다. 따라서 김일성의 만수무강은 수령의 권위위대성와 같은 맥락으로 추진되었다. 후계자로서의 김정일은 '수령을 보좌하며 몸 가까이에 모시고 수령의 의사를 받들어 당과 국가의 제반諸般사업을 혁명과 건설의 모든 분야에서 수령의 영도를 확고히 실현하는 유일한 지도자가 된 것이다.

● 남한: 대통령중심제

대통령제는 입헌민주국가 정부형태의 하나이다. 의원내각제와 비교했을 때, 대통령제는 입법부와 행정부의 조직·활동·기능이 독립성의 원리에 의해 지배된다는 본질적인 특성을 가지고 있다. 미국에서 출발한 대통령제의 변형이나 절충은 이른바 신대통령제의 현상을 보여 의회의 기능과 지위가 현저히 약화되고 대통령이 절대적 권력을 장악할 뿐 아니라 권력에 대한 통제장치가 전혀 마련되어 있지 않은 준독재적 상황을 일으키는 사례가 발견되고 있다. 카를 뢰벤슈타인은 이를 막기 위해서는 최소한 권력통제와 평화적 정권교체의 메커니즘이 합리적으로 마련되고 효율적으로 운영되어야 한다고 보았다(다음백과).

의원내각제를 영국의 역사적·정치적 산물이라고 한다면, 대통령중심제는 미국에서 인위적으로 만들어낸 새로운 정부 형태라고 할 수 있다. 인간 개개인의 자유를 보장하기 위해서는 정부 권력의 제한이 필요하며 이를 위해 몽테스키외Montesquieu 1689년 1월 18일~1755년 2월 10일의 삼권분립이론과 법치주의에 따라 구체화한 정부가 대통령 중심제이다.

행정부와 입법부를 엄격히 분립 시켜 상호 간에 대등한 관계를 유지하게 함으로 '견제와 균형' 원리를 충실히 실현하는 제도이다.

'대통령제' 또는 '대통령책임제'라고도 부르며 행정부의 수반首班인 대통령은 국민에 의하여 선출되다. 대통령은 행정부의 수반이기에 국민에 대하여 무한 책임을 지고 모든 정책을 결정·수행한다.

> 대통령은 국회해산권이 없으며 입법부 또한 대통령불신임권이 없어, 대통령의 임기 기간 내에는 정권이 계속 유지된다. 대통령 임기 동안은 정국이 안정될 수 있고, 국회 다수당의 횡포를 견제할 수 있다는 장점이 있으나, 임기가 보장됨에 따라 행정부가 정치적 책임에 둔감할 수 있으며 후진국에서는 대통령 독재의 우려가 있다. 18세기 미국에서 시작돼 이후 중남미 각국에 보급되었으며 오늘날 내각책임제와 함께 세계에서 널리 채택되고 있는 정부조직의 한 형태다(시사상식사전).

대통령 중심제의 장점은 국민이 직접 선출함으로 어떠한 상황에서도 대통령의 임기가 보장된다는 것이다. 따라서 임기 중 정국이 안정되며 정책의 지속성은 있으며, 무엇보다 의회 다수당의 횡포를 방지할 수 있다는 것이다. 단점으로는 대통령이 막대한 권력을 가지면서 임기 중 독재화 될 위험성이 있으며, 행정부와 입법부 간에 충돌이 발생했을 시 해결할 조정 방법이 없어 정국의 불안정이 장기화할 수 있다는 것이다. 역사의 큰 흐름 안에서 남한의 대통령제는 각 시대의 사회적 상황과 정치적 이익에 따라 수정·발전해 왔다고 할 수 있다. 대통령의 지위는 헌법이 개정에 따른 정부형태가 변경될 때마다 헌법상의 지위도 변화해 왔다.

대통령중심제 특징

1. 독립성의 원리: 대통령중심제는 '독립성의 원리'에 입각하여 입법부와 행정부의 조직·활동·기능이 지배된다는 본질적인 특성이 있다. ①대통령은 국민이 직접 선출한 국가원수로서의 지위와 행정부 수반으로서의 지위를 가진 국정 최고책임자이다. 정부 관료들은 대통령이 임명하며 의원내각제의 내각과는 달리 대통령의 보조적·자문적 역할을 한다. ②국민이 직접 선출하였기에 주어진 임기 동안은 의회에 대하여 정치적 책임을 지지 않고 주기적인 선거를 통하여 국민에 대해서만 정치적인 책임을 진다. 따라서 정부 관료들은 임명자인 대통령에 대해서만 책임을 질 뿐, 의회에 대해서는 책임을 지지 않는다. ③조직 구성과 활동이 완전히 독립적인 의회에 대하여 해산권을 가질 수 없으며 의회 역시 집행부 구성원에 대하여 불신임권을 행사할 수 없다.

2. 견제와 균형의 원리: 대통령은 법률안거부권을 행사함으로 입법에 참여하며 의회는 고위 공무원의 임명, 조약체결·비준 등 각종 동의권을 행사함으로써 행정부를 견제한다.

대통령제의 요소	의원내각제적인 요소
①대통령이 국가원수인 동시에 행정수반이다. ②대통령은 국민에 의해 직선된다. ③대통령은 임기동안 탄핵소추의 경우를 제외하고는 국회에 대해 전혀 책임을 지지 않는다. ④대통령은 법률안 거부권을 갖는다.	①헌법상 필수적 심의기관으로 국무회의 설치 ②국무총리제 채택 ③국회가 국무총리 및 국무위원의 해임건의권을 갖는다. ④국회의원과 각료 간의 겸임 가능 ⑤정부 각료의 국회 출석 발언권과 국회의 출석 답변 요구권 ⑥정부의 법률안 제출권

현행 헌법상의 대통령중심제는 남한의 상황에 맞게 전형轉形되어 미국의 대통령중심제와는 비슷하면서도 다른 모습이다. 제19대 대통령2017년, 문재인 대통령이 선출되는 동안 국민의 직접선출이 13회, 의원내각제로 국회에 의한 간접선출이 2회, 국회·통일주체국민회·대통령선거인단 등에 의한 간접선출이 5회, 총 19회의 대통령선거가 있었다.

초대 대통령선거1948년 7월 20일는 제헌국회의 간접선거로 치뤄졌고, 제2대, 제3대 대통령선거는 국민의 직접선거로 치뤄졌다. 그리고 제4대 대통령선거1960년 3월 15일는 직접선거로 치뤄졌으나 3·15부정선거로 인하여 무효 처리되고, 양원민의원과 참의원합동회의에 의한 간접선거로 치러졌다. 제5대부터 제7대까지는 직접선거로 치뤄졌고, 제1대부터 제7대까지 대통령 임기는 4년이었다. 제8대부터 제11대 대통령은 통일주체국민회의 대의원통일주체국민회의 대의원은 국민이 직접선거로 선출들에 의해 선출되었고, 임기는 6년이었다. 제12대 대통령선거는 대통령선거인단에 의해 선출되었고 임기는 7년이었다. 그리고 제13대 대통령선거1987년 12월 16일부터는 국민의 직접선거로 치뤄졌으며, 임기는 5년이었고, 2020년 현재 이 제도가 유지되고 있다.

> **남한의 대통령선거**
> 대통령선거란 공화국의 국가원수인 대통령을 뽑는 선거를 말한다. 한국 대통령 선거의 선거권은 만 18세 이상, 피선거권은 40세 이상이다. 또 피선거권자는 선거일 현재 5년 이상 국내에 거주해야 하며, 입후보는 정당 추천제와 선거권자 추천제를 병행하되, 선거권자 추천 선거인 수는 3,500~6,000명이다. 후보 기탁금은 3억 원이며, 후보자가 1인일 때에는 비교다수대표제를 적용해 총선거권자 수의 3분의 1 이상을 득표하면 당선인으로 결정한다(두산백과).

역사의 주관자이신 하나님께서 지금도 한반도를 통치하고 계심을 믿음으로 고백하는 그리스도인이라면 초대 대통령인 이승만 대통령부터 지금의 문재인 대통령까지 각 대통령의 공功과 과過가 함께 있음을 기억해야 한다. 하나님께서 이 땅의 통치자로서 세우신 위정자들이 각자 자신의 소명과 소임을 다 감당했는지 본인과 우리는 모두 알 수 없지만, 분명한 것은 실수가 없으시며 하나님의 주권적 통치하심 속에서 있었음을 기억해야 한다.

● **권위를 인정하라**

부모 공경 계명이 다른 계명들과 다른 특이점은 계명을 순종하는 자에게 특별한 복을 약속하였다는 점이다. 그래서 바울은 부모 공경 계명을 가리켜 '약속이 딸린 첫째 계명'(엡 6:2)이라고 하였다. 부모 공경 계명에 딸린 하나님의 약속은 공간'네게 준 땅에서'과 시간'생명이 길리라'을 구체적으로 축복하시는 말씀이다. '네게 준 땅'공간이란 젖과 꿀이 흐르는 약속의 땅을 가리키는 것으로 출애굽의 언약이 실현되는 것이요, '생명이 길다.'시간는 것은 오래 사는 장수의 축복이면서 동시에 약속의 땅에서 복을 누리는 행복한 삶을 가리키는 것이다. 부모를 공경하는 사람은 하나님의 약속된 땅에서 언약의 성취를 맛보며, 행복을 누리며 삶을 살게 된다는 것이다.

하나님에 대한 믿음의 증표로 부모를 공경하는 삶을 사는 것처럼 이 세상의 통치자가 하나님이시며 하나님께서는 자신의 경륜經綸에 따라 통치자를 세우시고 통치를 위임하셨다는 믿음을 가지고 살아야 한다는 것이다(조용훈, 2015).

> [1]각 사람은 위에 있는 권세들에게 복종하라 권세는 하나님으로부터 나지 않음이 없나니 모든 권세는 다 하나님께서 정하신 바라 [2]그러므로 권세를 거스르는 자는 하나님의 명을 거스름이니 거스르는 자들은 심판을 자취하리라 … 그가 공연히 칼을 가지지 아니하였으니 곧 하나님의 사역자가 되어 악을 행하는 자에게 진노하심을 따라 보응하는 자니라 [5]그러므로 복종하지 아니할 수 없으니 진노 때문에

할 것이 아니라 양심을 따라 할 것이라 … 두려워할 자를 두려워하며
존경할 자를 존경하라(롬 13:1-7)

로마서 13장 1절부터 7절까지 말씀은 통치자에 대해서 말씀하신 것이 아니라 피통치자, 즉 국민인민으로서 어떠해야 한다는 것을 말씀하신 것이다. 비록 통치자가 김일성, 김정일, 김정은과 같이 아주 악독한 독재자라 할지라도 권위를 허락하신 하나님을 믿고 국민인민으로서 국민인민의 의무를 다해야 한다는 것이다. 그렇다고 해서 이 말씀을 오해하고 독재자가 권세를 잡았으니 독재를 하는 것이 정당하다고 착각해서는 안 된다. 분명한 것은 독재자도 사람이기에 하나님 앞에서 심판받을 그날이 있음을 기억해야 한다는 것이다. 만약 권세자가 자신의 이익과 욕망을 위해 독재를 하게 된다면 이것은 독재자에게 통치를 허락하신 하나님의 뜻에 불순종하여 주어진 통치의 기회를 헛되이 소비하며, 악독하게 사용했기에 그에 대한 분명한 심판이 있으리라는 것이다. 그런데 나쁜 통치자를 만났기에 국민으로서 해야 할 의무를 다하지 않는다는 것 또한 심판에 대상이 됨을 기억해야 한다.

그러므로 여러분은 그들에게 해야 할 의무를 다하십시오. 국세를 바쳐야 할 사람에게는 국세를 바치고 관세를 바쳐야 할 사람에게는 관

세를 바치고 두려워해야 할 사람은 두려워하고 존경해야 할 사람은 존경하십시오.(롬 13:7 공동번역)

말씀은 우리가 국민으로서 책임을 다해야 하는 것은 통치자의 진노^{처벌}때문이 아니라 양심에 따라서 해야 한다고 말씀하고 계신다. 또 말씀은 분명하게 두려워해야 할 자를 두려워하고 존경할 자를 존경해야 한다고 말씀하고 계신다. 이는 통치자에 대해 존경할 것인지 두려워할 것인지를 구분해야 한다는 것이다. 독재자의 잘못된 통치에 대해 아부하며 추종해야 한다는 것이 아니다. 독재자이기에 두려워해야 한다는 것이지 존경을 넘어 아부와 추종 또는 부역^{附逆}까지 허용한다는 것은 아니다.

십계명 이해하기

　제5계명은 사회의 기본 질서를 바로 세우는 계명이다. 제5계명을 지키지 아니하면, 가정의 질서뿐만이 아니라 사회전체의 질서가 파괴되는 무서운 결과를 초래하게 된다. '효^{孝}'는, 늙을 '老' 아래에 아들 '子'를 넣어서 자식들이 늙은 부모를 언제나 떠받들고 정성껏 섬겨서 자식 된 도리를 다하는 것이 효다. 이 효는 모든 인간 사회질서의 시작이다. 불효의 죄가 넘쳐날 때 인간의 도덕과 윤리는 흔들리고 무너져서 사회 전체가 혼란스러우며 문란해져 그 나라와 가정의 장래는 캄캄할 수밖에 없다.

　제5계명은 그 순서로 보아도 으뜸이다. 십계명 가운데서 5계명부터 10계명은 사람에 대한 계명인데 그것은 대인 관계 계명이다. 그 가운데 첫 번째 계명이 바로 5계명이다.

　부모님을 진심으로 공경하는 사람은 살인죄[제6계명]를 범할 수 없다. 또한 부모님을 진심으로 공경하는 사람은 간음죄[제7계명]를 짓기가 어려울 것이다. 또한 부모님을 진심으로 공경하는 사람은 도적질[제8계명]이나 거짓 증거[제9계명]나 탐심의 죄[제10계명]를 지을 수가 없고 매우 불

편하고 힘들 것이다. 그것은 매우 이타적인 생각과 행동이 되기 때문이다.

이 세상에 태어나서 제일 먼저 맺는 대인 관계는 부모父母와 자식子息사이의 관계이다. 부모님 없이 우리는 존재할 수가 없다. 제5계명의 "네 부모"는 히브리어 '아비카 베에트 임메카'로 '네 아버지와 그리고 네 어머니'라는 의미이다.

제5계명은 하나님께서 인간에게 선포하신 하나님의 대인관계법이요 명령이다. 법은 반드시 지켜야만 되고, 지키지 않으면 누구나 여지없이 범법자가 된다. 그러므로 불효는 불법이다. "공경하라."는 히브리어로 '존귀하다, 무겁다.'라는 의미를 가진 '카베드'의 강조형으로, '무겁게 대하다.'라는 의미에서 하나님께나 사람특히 부모님에게 사용할 때는 '존경하다.'라는 뜻을 가진다. 부모님을 대할 때 하나님께 하듯이 극진히 섬기라는 뜻이다. 하나님을 대신하여 생명을 주신 부모님을 공경한다는 것은, 곧 생명의 주인이신 하나님을 공경하는 것이나 마찬가지다.

북한에서도 부모님께 효도는 하고 있다. 자신을 낳아주고 길러주신 은혜를 잊지 않는다. 탈북하여 남한에 내려온 자녀가 북한에 계신 부모님을 걱정하는 모습은 우리와 다를 바가 없다. 그래서 남한에서 번 돈을 북한의 가족에게 어떠한 경로를 통해서라도 보내려 한다. 그뿐만 아니라 전화를 자주 하는 모습을 보게 된다. 국가와 국가 간의 관계만 단절되어 있지 가족들은 서로 연락하고 정보를 나눈다. 남한의 자녀들도 자신의 부모에게 효도한다. 그러나 남북한 모두 중요한 것은 그 부모님을 우리에게 주신 분이 하나님이기에 우리가 부모님을 향하여 진실한 효도의 마음을 발해야 함을 남북한 모든 사람이 알아야 할 것이다.

제6계명
한반도 살인 殺人

"살인하지 말라"(출 20:13)

살인을 금지하는 여섯째 계명은 인간 사회의 기본적인 윤리 규범이라고 생각했기에 아주 간결하고 명확한 형식으로 되어 있다. 타인의 생명을 보호하고 해치지 않는 일은 자기 목숨을 부지하는 일뿐만 아니라 공동체가 존립할 수 있는 가장 기본적인 조건이기도 하다. 이 계명의 의도는 공동체 구성원의 불법적 살해나 피의 보복을 금지함으로써 개인의 자유와 더불어 공동체의 결속력을 강화한다. 유대 전승에 '한 사람의 목숨은 전 세계의 무게와 같다.'는 경구警句가 있을 정도로 생명의 가치는 절대적이다.

생명 가치의 절대성을 위협하고, 살인을 정당화하는 이유로 3가지를 들 수 있다. 첫째, 극단적 국가주의는 인간 생명의 존엄성을 조직적으로 파괴하는 전쟁, 테러, 숙청 등의 지배적 이념이다. 일본 군국주의의 '카미카제'자살특공대, 나치의 '홀로코스트', 보스니아 '인종청소', 아프리카의 '부족 전쟁' 등 수많은 형태의 폭력 행위들 배후에는 인간 생명의 존엄성을 무시하고 파괴하는 극단적 국가주의가 작동한 것이다.

> 인류사에서 전쟁이 없었던 시대는 거의 없다. 오히려 평화시대보다 전쟁시대가 훨씬 더 길었다. 이스라엘 역사도 수많은 전쟁이 있었으며, 심지어 '거룩한 전쟁'holy war을 의미하는 '성전'聖戰도 있었다.
> 인류가 전쟁에 대한 정당성을 인정받고자 다양한 방법으로 미화美化하려 하지만, 전쟁이 조직적으로 인간을 살상殺傷하는 비非도덕적이고 반反인륜적인 행위라는 사실은 변함이 없다. 전쟁에서 '승리를 위한 수단'으로 살인과 약탈과 고문 등 온갖 형태의 비도덕적이고 반인륜적인 행위가 정당화되어 자행된다.

둘째, 권위주의적 종교관 역시 인간 생명의 존엄성을 위협하고 있다. 고대 종교의 인신 공양부터 유대교의 율법주의, 중세의 마녀사냥, 십자군 전쟁, 그리고 최근에는 수니파 무장단체 이슬람국가IS의 공통점은 신앙과 종교의 이름으로 인간성을 무시하고, 인간 존엄성을 파괴한다는 것이다.

셋째, 모든 것을 경제성-생산성-효율성의 관점에서만 바라보는 경제주의 가치관도 인간 생명의 절대적 가치를 위협하고 있다. 시장경제는 생명에 대해서도 가격을 매기며, 인간마저도 유용성과 효용성의 가치판단 아래 둔다. 오늘날 신자유주의 시장경제체제 아래 전 세계적으로 급속히 확산되고 있는 절대 빈곤은 인간 생명의 절대적 가치와 존엄성을 위협하고 있다.

여섯째 계명인 살인 금지 계명에 사용된 히브리어 'רצח'(라짜흐, 살인)는 의도적이고, 계획적으로 남의 생명을 빼앗는 행위를 가리킨다. 이 계명의 의도는 개개인의 사사로운 감정으로 피의 복수를 한다든지, 악의적으로 살인을 하는 행위를 금지함으로써 생명 안전과 공동체의 안정을 도모하는 있다(민 35:16-21). 그런데 사회가 점점 다원화, 개인화되면서 살인 행위에서 직·간접적 행위, 의도적·비의도적 행위 간의 구분이 어려워지고 있다. 직접적이고 고의적 살인 행위를 구별해 내기는 비교적 쉬우나 자기 손에 직접 피를 묻히지 않고서도 타인의 생명을 빼앗는 행위들도 많아지고 있다.

그래서 성경은 권력자들이 법과 제도를 이용하여 교묘하게 사회적 약자들의 생명을 빼앗은 행위에 대해서도 'רצח'(라짜흐, 살인)란 단어를 사용한다. 비록 살해 행위가 간접적인 방식으로 이루어졌기에 세상 법으로는 처벌이 힘들다 하더라도 하나님의 심판대에서는 분명하게 살인에 대한 심판을 받게 된다는 것이다(조용훈, 2015).

> 성경에는 권력자나 부자들이 자신의 탐욕을 채우기 위해 힘없고 가난한 삶을 죽음으로 내몰았던 이야기가 많이 나온다. 이스라엘 아합왕은 나봇의 포도원을 탐내 나봇을 죽이고 포도원을 빼앗았다. 아합왕이 자기 손으로 직접 나봇을 죽인 것이 아니어서 실정법으로는 처벌받지 않았지만, 하나님의 심판대에서는 살인죄와 도둑질을 하였다고 분명한 판결을 받았다(왕상 21:19).
> 그리고 다윗이 밧세바를 취하기 위해 그녀의 남편인 우리아 장군을 전쟁에서 죽게 내버려 둔 일에 대해서도 세상은 알지 못하지만, 하나님께서는 분명하게 아시고 다윗이 살인죄를 범하고 밧세바를 빼앗았다고 준엄한 판결을 내리셨다(삼하 12:9).

남북한 모두는 국민, 개개인들의 피 흘림 위에 세워진 정부들이다. 남한은 물질만능주의와 극단적 경쟁에 따른 인명경시人命輕視 사상이 만연하여 생명의 존엄함을 쉽게 포기하며, 북한은 정권 수립과 유지를 위해 극단적 권력욕에 따른 생명을 빼앗는 포악한 정권이다.

● **북한: 숙청**

숙청은 "독재 정당이나 비밀결사 내에서 조직의 일관성을 확보하기 위해 반대자를 추방하여 조직의 순화를 도모하는 일"을 말하며, 강등, 해임, 구금 등 사회적 숙청과 처형, 암살 등의 생명적 숙청이 있다. 공산주의나 전체주의에서는 정적政敵의 생명을 빼앗거나 사회적 지위^{생명}를 제거하는 행태로 숙청이 자행되었는데, 소련의 스탈린, 중국의 모택동 아래에서 대규모의 체계적이고 조직적인 숙청이 이루어졌다.

> **숙청**肅淸, purge
> 반대파나 정적政敵을 제거하는 것을 말한다. 특히 20세기에 다양한 전체주의가 정적을 체계적으로 제거하는 것을 가리킨다. 스탈린 아래 소련에서의 숙청이나 마오쩌둥毛澤東아래 중국에서의 숙청은 대규모성 때문에 많은 사람의 관심을 끌었다. 캄보디아의 폴 포트Pol Pot 정권에 의한 대량학살 숙청이나 르완다의 대량학살도 하나의 예이다. 정치적으로 공존할 수 없다는 이유로 피에 의한 숙청이 그렇게 많이 나타난 것은 20세기의 특징 중 하나이다. 숙청의 방법은 암살 외에도 제명·추방·처형·체포 등 여러 가지가 있다. 결론적으로 숙청은 권력투쟁의 수단이자 결과이다(『21세기 정치학대사전』).

북한에서 이루어지고 있는 수령제일주의로 인해 권력이 절대적으로 수령에게 집중되어 있고, 수령의 권력을 뒷받침해주는 조직들로 ^{동당, 국가기구, 군, 인민보안성 등}과 사상과 교육들^{주체사상, 사회정치적 생명체론 등}이 사회적으로 전 인민에게 영향을 미치고 있기에 '숙청'이 필요하지 않을 것 같지만 실제로 북한의 역사를 살펴보면 숙청은 숙명적으로 이루어졌으며, 지금도 이루어지고 있다고 할 수 있다. 한마디로 북한의 역사는 피의 역사다.

> '권력투쟁'權力鬪爭이란 광의적 의미에서 보면 '정치'政治와 같은 의미이다. 희소자 원稀少資源을 둘러싸고 벌이는 분배과정分配過程을 '정치'라고 정의한다면, '권력'이라는 수단을 장악·행사함으로 투쟁鬪爭에서 승리할 수 있기 때문이다. 협의적 의미에서 권력투쟁은 집단 내부 간의 '세력 갈등'을 의미한다.

8월 종파 사건 1956년

'8월 종파 사건'은 1956년 8월 조선노동당 중앙위원 회의에서 연안파 윤공흠 등이 김일성을 당에서 축출하려 했으나, 사전에 누설되어 체포된 사건을 말한다. 8월 종파 사건은 체제 내적 성격이 강한 권력투쟁이라고 할 수 있다. 김일성파와 반김일성파는 공산당 일당독재체제라는 틀 속에서 '김일성과 중심의 단일체제'냐 아니면, '파벌 간의 연합: 집단지도체제'이냐를 두고 투쟁한 것이다. 이 사건은 북한 정권 내에서 유일무이한 조직적인 반김일성 운동이었으며, 김일성은 이 사건을 계기로 연안파와 소련파 사람들을 1958년까지 숙청하고, 1961년 9월 4차 조선노동당 당대회에서 당권을 완벽하게 장악하였다.

갑산파 숙청 1967년

갑산파 숙청은 1967년 5월 조선노동당 중앙위 제4기 15차 전원 회의에서 갑산파 출신인 박금철, 이효순, 김왈룡, 허석선, 이송운, 허학송 등을 기회주의, 봉건주의, 교조주의, 자본주의, 수정주의 등의 구실로 숙청한 사건을 말한다. 이 사건을 계기로 강력한 개인 독재, 즉 수령중심제 또는 유일사상체계와 최고지도자에 대한 고도의 개인숭배가 형성되기 시작하였다.

> **갑산파**
> 일제 식민지 시기 만주 장백현과 조선 함경북도 갑산군 인근 지역에서 활동하던 국내 기반 조선인 공산주의자들로서, 만주를 기반으로 했던 김일성파와 연계하여 '재만한인조국광복회' 지부를 설립하고, '갑산공작위원회'라는 공산주의 단체를 조직했으며, 해방 이후부터 만주를 기반으로 한 김일성파와 함께 북한 정치를 주도하였다(한국민족문화대백과).

장성택 처형 2013년

장성택 처형은 김정은의 고모부이자 국방위원회 부위원장이었던 장성택이 조선노동당 중앙위 정치국 확대 회의 2013년 12월 8일에서 '반당·반혁명적 종파 행위'로 모든 직무에서 해임되고 출당·제명된 후, 12월 12일 국가안전보위성 특별군사재판에서 '국가전복음모행위' 혐의로 처형된 사건을 말한다. 장성택 처형은 '체재 내적' 성격이 강하다고 볼 수 있다. 장성택의 권력과 명성, 조직 내 세력이 권력승계를 공고히 하려는 김정은에게 위협이 되었기에 숙청되었다고 할 수 있겠으나 본질은 공산주의라는 정치체제를 유지하는 가운데 발생했기 때문이다.

● 남한: 자살

　의식적으로 자기 신체의 죽음을 초래하는 행위가 자살이다. 남한의 자살률 순위를 보면 OECD 1위를 기록하기도 하였다[2018년]. 이때 남한에서는 하루 평균 36명이, 연간 13,000여 명이 자살하였다. 안타깝게도 남한은 '자살 공화국'이라 불릴 만큼 많은 사람이 자살하고 있다. 1997년 외환위기 때, 갑자기 늘어나기 시작한 자살자 수는 해마다 증가하는 패턴을 보인다. 특히 심각한 점은 자살이 특정 나이나 계층 등에서만 발생하는 것이 아니라는 점이다.

　자살의 주요 원인으로는 우울증과 대인 스트레스, 심리적 질환, 개인적인 요소와 경제적 어려움 등 사회적 원인이 있다. 이런 배경에서 자살자들을 향해 살려는 의지가 부족하다거나, 심성이 허약하다거나, 생명을 경시한다는 등의 비판적 자세를 취해서는 자살을 막으려 하는 노력에 전혀 도움이 되지 않는다. 그렇다고 모든 자살을 '사회적 타살'이라고 판단하여 자살자에 대한 무책임, 생명 경시까지 방조[傍助]해야 한다는 것이 아니라 자살자에 대해 우리 사회가 공동의 책임 의식을 가져야 한다는 것이다.

　전통적으로 공동체 의식이 강했던 한민족은 '우리'라는 단어로 소속감을 느끼게 된다. 공동체성이 높다는 것은 사회통합 정도가 높았음을 의미하므로 전통사회에서 자살률은 낮을 수밖에 없었다.

> 자살은 행위자가 자기 죽음을 초래할 의도를 가지고 자신의 생명을 끊는 행위이다. 자살의 어원은 라틴어의 "sui"자기 자신을와 "cædo"죽이다의 두 낱말의 합성어로 개인적이든 사회적이든, 당사자가 자유의사自由意思에 의하여 자신의 목숨을 끊는 행위를 말한다. 프랑스의 사회학자É. Durkheim에 의하면, 자살에는 이기적 자살·애타적 자살·무규제상태anomie적 자살의 세 가지 있다고 한다. 이기적 자살利己的自殺은 개인이 사회에 과도한 개인화, 즉 개인과 사회의 결합력이 약할 때의 자살이다. 애타적 자살愛他的自殺은 이기적 자살의 반대로 과도한 집단화, 즉 사회적 의무감이 지나치게 강할 때의 자살이다. 무규제상태적자살無規制狀態的自殺은 사회 변화나 사회 환경의 차이 또는 도덕적 통제결여統制缺如에 의한 자살이다(두산백과).

> **자살**自殺, suicide
>
> 모든 생명은 살고자 하는 본능을 갖고 있다. 그러나 자살自殺은 이런 본능에 반하여 자신의 생명을 스스로 끊거나 파괴하려는 행위이다. 전통적으로 기독교는 자살에 대해 매우 부정적이다. 토마스 아퀴나스Saint Thomas Aquinas, 1224-1274년는 자살이 3가지 법을 어긴 범죄행위로 ①살려는 의지에 반하는 행위로 '자연법'에 대한 범죄, ②자신을 사랑해야 할 의무를 범하는 행위로서 '도덕법'에 대한 범죄, ③생명의 주인이신 하나님을 부정하는 행위로서 '신법'에 위배된 범죄라고 주장하였다. 이런 이유로 중세교회는 자살자를 위한 교인들의 애곡을 금지하고, 교회에서의 장례식을 거부했으며, 교회 묘지에 매장하는 것까지 허락하지 않았다.

공동체 의식은 인간관계가 질적으로 좋음을 의미하기에 높은 공동체 의식은 자존감의 유지에도 긍정적 영향을 주어 결과적으로 자살을 방지하는 역할을 하였다. 서구 문화의 급속한 유입에 따른 남한 사회의 개인주의이기주의증가는 가족이나 사회의 통합력을 약화시키는 주요한 요인으로 작용하였다.

자살을 바라보는 시각에 따라 자살에 부여되는 의미가 달라지고 그에 따라 자살에 대한 태도도 달라질 수 있다. 개인이 타인에게 심각한 해나 고통을 주면서 사회에 기여하는 바는 거의 없다거나 질병, 늙음, 불행 등이 우리의 삶을 극심할 정도로 비참하게 만들 경우 자살은 정당화될 수 있다는 것이다(한국자살예방협회, 2014).

개인적으로 자살은 자신의 성장 과정에서 받았던 가정적·사회적 사랑과 배려, 노력 등을 한순간에 무의하게 만드는 행위이다. 또한, 남은 가족과 친구 등 주변 사람들에게 죄책감과 원망을 하게 하는 폭력적 행위이다. 따라서 자살은 남은 사람들특히 가족들에게 언젠가 자신의 삶도 자살로 마감될지 모른다는 암시를 주기도 하며 주변 사람들과의 인간관계를 파탄시키기도 한다.

에멜 뒤르켐Emile Durkheim은 각 사회가 보이는 자살을 개인의 성향 때문에 생기는 것이 아닌 그 개인이 속해 있는 사회의 성격에 따라 발생한다고 주장하였다. 개인의 자살과 생물학적, 물리적 특성과의 관계는 불명확하고 애매하지만, 자살과 사회적 환경과의 관계는 분명하고 직접적이라는 것이다. 그는 사회적 환경과 조건, 공동의식이 변하지 않는 한, 그 사회의 자살률은 변하지 않는다고 하였다. 그는 자살유형을 이기적 자살, 이타적 자살, 아노미성 자살, 숙명적 자살로 구분하였다. 그의 이론에 따라 현재 남한에서 가장 대두되는 자살유형은 이기적-숙명론적 자살과 이기적-아노미성 자살이다.

> 1. 이기적 자살
> 이기적 자살은 개인과 사회의 유대가 약화되어 있고 사회통합의 정도가 낮을 때, 개인적인 동기에서 발생하는 자살을 말한다. 그러므로 개인과 사회의 유대가 강하고 사회통합의 정도가 높을 때 이기적 자살은 줄어들게 된다. 따라서 집단 내부의 결속 강화는 집단 내의 자살률 감소로 이어진다.
> 2. 이타적 자살
> 이타적 자살은 개인의 사회결속이 지나치게 강하여 개인의 자존감이나 권리의식이 상실되거나 사회의 목표 달성을 위해 자신의 생명을 버리게 되는 상황에서 발생하는 자살을 의미한다. 이타적 자살은 독립운동가들의 자폭 항거, 소방관 등 직업 활동에서의 헌신적 투신과 같이 매우 제한적인 사례에서나 볼 수 있음으로 오늘날 남한 사회에서 크게 문제시 되는 자살과는 다른 것이다.
> 3. 아노미적 자살
> 아노미성 자살은 개인의 가치관이 사회의 급격한 변화로 무효가 될 때 생기는 혼란 상황에서 실망과 환멸로 자살하는 것을 말한다. 아노미는 사람들이 정상적인 수단을 통해 목표를 성취할 수 없을 때 발생하는 것이다. 아노미적 자살은 사회와 집단의 규범이 느슨해져 더 많은 자유를 얻은 결과, 끝없는 자신의 욕망을 끝내 만족하지 못하고 현실에 대한 환멸과 허무감 등으로 삶의 의미를 찾지 못할 때 선택하는 자살을 말한다.
> 4. 숙명적 자살
> 숙명적 자살은 개인이 과도하게 규제당하여 '죽음 또한 나의 숙명이다.'라고 받아들이고 자살하는 것을 의미한다. 뒤르켐은 숙명적 자살을 '무시해도' 괜찮을 것으로 규정했지만 오늘날의 남한 사회 상황에서 숙명적 자살은 심사숙고해서 접근해야 할 필요가 있다. 일제강점기와 한국전쟁, 분단이라는 기형적 상황 속에서 권위주의적 국가통치, 신자유주의로 인한 극한 경쟁에서 뒤처진 사람들은 한계를 자살로 받아들이게 되는 것이다.

인간 사회에 생명만큼 귀중하고 소중한 가치는 없다. 모든 생명은 유용有用과 무용無用의 가치판단 아래 있지 않고, 다른 모든 것을 상위上位하는 판단이며, 기준인 것이다. 예수님께서도 생명의 절대적 가치를 인정하셨다.

> 사람이 만일 온 천하를 얻고도 제 목숨을 잃으면 무엇이 유익하리요 사람이 무엇을 주고 제 목숨과 바꾸겠느냐(마 16:26)

성경은 생명 가치의 절대성이 하나님 신앙에 그 정신적 토대를 두고 있음을 선포하고 계신다.

①인간은 하나님의 형상으로 창조되었기에 존재만으로도 존엄하다(창 1:27). 다른 사람을 해치고 목숨을 빼앗는 행위는 인간성에 반하는 범죄이기도 하지만 하나님을 모독하는 일, 즉 사람 안에 계신 하나님의 형상을 지워버리고, 그를 지으신 하나님을 공격하는 사악한 행위가 된다.

②생명은 하나님께로부터 '받은 것'이지, 인간 스스로 '쟁취한 것'이 아니다. 따라서 남의 생명을 빼앗거나 해하려는 행위는 생명의 주인이신 하나님을 부정하고, 스스로 하나님이 되려는 신성모독적인 행위이다.

③이웃의 피를 흘리면 그 피가 땅을 더럽히고 마침내 하나님까지 더럽힌다는 피조세계의 타락에 결과로 보는 것이다.

성경은 생명의 존엄성과 절대적 가치를 보호하기 위해 다른 사람을 살해한 사람을 반드시 죽이라고 명령하셨다. 동물의 생명을 빼앗았을 때는 속전배상으로 문제를 해결할 수 있지만, 사람의 경우에는 속전배상으로 해결하는 것을 허락하지 않으신다. 그리고 생명이 존엄하다는 사상 때문에 재판에서 살인죄를 다룰 때 반드시 2명 이상의 복수 증인 제도를 명하셨다. 한 사람의 증언만으로는 오판의 가능성이 있다는 판단에서 다수의 증인을 세우도록 하신 것이다(민 35:30). 아무리 사악한 범죄자라 하더라도 사사로이 처벌 받아서는 안 된다는 생명 존중사상에 기반을 둔 것이다(조용훈, 2015).

지금 우리 사회를 지배하는 것은 죽음의 문화와 죽임의 문화이다. 인간의 탐욕적인 경제활동으로 인해 인간 스스로는 물론 자연 생태계의 생명조차도 생존의 위협을 받고 있다. 살인 금지 계명은 단지 끔찍한 살인죄를 저지르지 않아야 한다거나, 가지고 있는 힘과 권력을 사용해서 연약한 사람을 죽음으로 몰아가지 말아야 한다거나, 분노에 사로잡혀 폭력을 행사하지 않아야 한다는 소극적 차원의 윤리 상태로만 해석해서는 안 된다. 오히려 생명을 보전하고 생명의 가치를 고양하는 일이라면 적극적으로 행동할 것을 요구하는 적극적이며 능동적인 계명으로 해석하는 것이 옳다.

하나님의 나라와 의를 온 세계에 확장하는 사명을 감당해야 하는 생명의 파수꾼으로서의 한국교회는 이웃과 자연생태계의 생명을 돌보고 지켜야 한다는 윤리적 책임을 감당해야 한다. 선한 목자이신 주님으로부터 생명의 파수꾼과 생명 문화 창조자로 부름 받은 그리스도인과 교회는 죽음의 위기 속에 있는 생명을 살리고 생명 가치를 고양하는데 도움이 되는 일이라면 기꺼이 자신을 희생하고 헌신할 각오를 다짐해야 한다.

하나님께서 이 땅에 세우신 교회종교의 중요한 대사회적 기능은 개인에게는 삶의 의미를 제공하고, 공동체를 결속시키며, 사회구성원의 행동을 규범화하는 것이다. 이런 사명 앞에서 한국교회는 늘어나는 자살자를 비난하기보다 먼저 겸허한 자기반성이 필요하다. 삶의 벼랑에서 본능에 반하면서 어쩔 수 없이 죽음을 선택한 사람들에 대한 정죄보다는 '오죽하면 죽음을 선택했을까.'하는 동정이해과 사랑하는 사람을 떠난 보낸 남은 가족들의 아픔을 바라보고 그들의 신음을 들어야 한다.

십계명 이해하기

　제6계명은 '살인하지 말라.'이다. 이 계명의 근본정신은 이 세상의 모든 생명을 존귀하게 여기라는 것이다. 십계명은 그 무엇보다도 생명의 존엄성을 앞세우고 있다. 살인과 살육이 가득 찬 요즘 세상에서 '살인하지 말라.'는 6계명의 명령은 십계명의 중요성을 더욱 크게 실감하게 한다.

　생명은 생물에만 있는 것으로 생물을 살게 하는 기초적인 힘이다. 모든 생명은 하나님께서 주신 것이다. '살인하지 말라.'는 계명은 하나님이 창조하신 귀중한 생명을 죽이지 말라는 뜻이다. '살인하다.'는 히브리어 '라차흐'로, 본래는 '산산조각이 되도록 부수다.'라는 뜻으로 사람을 살리고 죽이는 권세는 오직 여호와 하나님에게만 있기에 사람의 그 귀중한 생명을 함부로 살상하는 것은 생명의 주권자이신 여호와 하나님께 대한 도전이요 모독이 된다. 살인죄는 계획적인 살인뿐만 아니라 부주의로 인한 살인과 스스로 목숨을 끊는 자살도 살인죄에 해당된다. 같은 신앙 공동체 안에서 살인은 하나님께 그 생명에 대한 소유권이 있는데 교만이요 월권이다. 또한 인간 공동체의 평화와 안정적인 질서를 파괴하기 때문에 절대 금지되어야만 한다.

우리 인간들은 이 세상을 살아오면서 타인을 죽이거나 자신을 죽이거나 해왔다. 그러나 모든 생명에 대한 살인은 인간에게 있는 권한으로는 결정을 내릴 수가 결코 없다. 그럼에도 불구하고 인류 역사에서 인간은 카인의 살인 사건 이후 지속해서 많은 사람을 살인해왔다. 아마도 우리 인간들은 앞으로도 아주 많은 사람을 죽이며 살아갈 것이다. 하지만 하나님은 우리 인간에게 살인하지 말라고 명령하셨다. 가장 슬픈 것은 같은 민족끼리 서로 죽이는 일이다.

한국전쟁을 남한이 북침했다고 주장하나 역사적 사실은 그것이 거짓이라고 말하고 있다. 그뿐만 아니라, 전쟁 이전과 이후에도 수없이 많은 사람을 죽인 것이 사실이다.

또한 북한 정권은 자신의 정권 유지를 위해서 얼마든지 쉽게 살인을 저질러왔고 앞으로도 그럴 것이다. 이런 북한의 인권에 대한 인지와 대처를 대한민국과 국제사회가 함께 해야 할 것이다.

제7계명
한반도 간음 姦淫

"간음하지 말라"(출 20:14)

21세기를 사는 현대인에게 간음姦淫금지 계명이 진부한 도덕률로 보인다면, 고대 근동 지방 사람들에게는 매우 낯선 도덕률이었다. 다산과 풍요를 중시하는 고대사회에서 종교의 핵심기능은 다산fecundity과 풍요abundance를 기원하고 보장하는데 있었다. 그러다 보니 고대종교, 특히 가나안 종교들은 다산과 풍요를 기원하는 성전 매춘행위를 공공연히 장려했다. 이런 종교와 문화 환경 속에서 성적 순결을 강조하는 제7계명은 틀림없이 사람들에게 낯설고 불편했을 것이다(조용훈, 2015).

그리고 중세사회가 성을 억압했던 것에 반해 현대사회는 성을 우상화하고 있다. 자본주의가 발전함에 따라 성性도 하나의 상품화가 되면서 성적 욕망을 부추기고 성적 호기심을 유발하는 상품들이 넘쳐나고 있다. 인터넷, 영화, TV, 잡지 등과 같은 대중매체를 통해 성sex 담론이 폭발적으로 증가하고 있다.

우리나라에서도 그동안 성 윤리와 가정을 보호하는 법적 장치였던 간통죄가 2015년 2월에 폐지되었다. 간통죄가 현대인의 변화된 성 관념이나 현실에 더 부합하지 않는다고 판단했기 때문이다. 1970년대 중반 피임약의 등장으로 시작된 성(性)혁명과 더불어 성은 종교와 도덕의 고삐로부터 완전히 벗어나게 되었다. 그전까지 사람들은 혼전, 혹은 혼외 성관계 때 가져야 했던 공포, 즉 임신과 성병, 그리고 간음이 발각될 것이라는 공포로부터 해방될 수 있었기 때문이다.

> **간통죄姦通罪, adultery**
>
> 간통姦通은 기혼자가 자기의 배우자가 아닌 사람과 성관계를 가지는 것을 말한다. 대부분 사회에서 간통은 성문으로 금지하거나 관습에 의해 금기시하고 있다. 우리나라에서 간통죄는 1905년부터 시행되었다. 1947년 법제편찬위원회에서 간통죄 존치 여부와 처벌 범위를 놓고 논쟁이 벌어졌으나, 표결 끝에 정부안이 통과돼 간통죄가 법제화됐었다. 1988년 헌법재판소 설립 이후 다섯 번의 위헌법률심판이 제기되었고, 2015년 2월 26일, 2대 7로 위헌결정이 내려져 간통죄는 제정 62년 만에 폐지되었다(다음백과).

그러나 고대 근동의 성 개념과 달리 유대 사회는 간음죄를 매우 심각한 사회악으로 엄격히 처벌하였다. 간음죄를 살인죄에 버금가는 심각한 사회악으로 간주하여 사형으로 처벌하였다. 신명기 27장에는 저주받아 마땅한 12가지 악의 목록이 열거되는데, 그중 성적 부도덕과 관련된 것이 4가지나 기록되어 있다.

> 15'야훼께서 역겨워하시는 우상을 새기거나 부어 만드는 자, 기술공이 손으로 만든 것을 남몰래 모시는 자에게 저주를!' 하면, 온 백성은 '아멘!' 하고 대답하여라. 16'아비나 어미를 업신여기는 자에게 저주를!' 하면, 온 백성은 '아멘!' 하여라. 17'이웃집 땅의 경계선을 옮기는 자에게 저주를!' 하면, 온 백성은 '아멘!' 하여라. 18'소경을 엉뚱한 길로 이끄는 자에게 저주를!' 하면, 온 백성은 '아멘!' 하여라. 19'떠돌이와 고아와 과부의 인권을 짓밟는 자에게 저주를!' 하면, 온 백성은 '아멘!' 하여라. 20'아비의 이불자락을 들치고 아비의 아내와 자는 자에게 저주를!' 하면, 온 백성은 '아멘!' 하여라. 21'어떤 짐승하고나 교접하는 자에게 저주를!' 하면, 온 백성은 '아멘!' 하여라. 22'아비의 딸이든 어미의 딸이든 제 누이와 자는 자에게 저주를!' 하면, 온 백성은 '아멘!' 하여라. 23'장모와 자는 자에게 저주를!' 하면, 온 백성은 '아멘!' 하여라. 24'남몰래 동족을 쳐 죽이는 자에게 저주를!' 하면, 온 백성은 '아멘!' 하여라. 25'뇌물을 받고 죄 없는 사람의 피를 흘리는 자에게 저주를!' 하면, 온 백성은 '아멘!' 하여라. 26'이 법을 어느 하나라도 실천하지 않고 짓밟는 자에게 저주를!' 하면, 온 백성은 '아멘!' 하여라(신 27:15-26 공동번역).

유대사회가 간음죄를 범한 사람을 처형하는 방법은 처형장으로 끌고 가 돌을 던져 죽이거나(신 22:21, 24), 불에 태워 죽였다(창 38:24, 레 20:14). 간음 행위를 가리키는 히브리어 'נאף'(나아프, 음녀가 된)란 결혼한 사람이 자신의 배우자 외에 다른 이성과 성관계를 갖는 행위를 말하는데, 이는 유대사회가 간음죄를 엄하게 처벌하는 목적이 결혼제도를 보호함으로써 가족 공동체의 안정을 도모하려는데 있음을 의미하는 것이다(조용훈, 2015).

간음이란 결혼 관계를 파괴하는 행위로 당시 사회에서 결혼한 여성은 남편의 소유로 생각되었기 때문에 유부녀와 간음하는 남자는 다른 남성의 재산권을 침해할 뿐만 아니라 결혼 관계를 깨뜨리는 사람이었다. 그리고 결혼한 여성이 다른 남성과 관계 맺는 행위는 자신과 상대 남성의 가정을 깨뜨리는 일로 간주하였다.

> 만약 간음 행위가 성읍 안에서 일어났다면 남녀 두 사람 다 처형했는데, 이는 성읍 안에서는 여자가 소리만 지르면 언제든 남의 도움을 받을 수 있어 강요된 상황이 아니라고 판단했기 때문이다. 반대로 성읍 밖에서 일어난 행위였다면 여성이 도움을 청할 수 없는 불가피한 상황이라고 판단했기 때문에 남성만 처형하였다(『우리 시대를 위한 하나님의 열 가지 말씀: 십계명의 영성과 윤리』 조용훈, 2015).

따라서 간음행위는 가정을 파괴하는, 즉 이웃의 경제적 삶의 토대를 근본적으로 위협하는 일로서 이웃의 생명을 빼앗고, 재산을 강탈하는 것만큼 심각한 사회적 범죄로 간주하였다. 예수님 당시 유대 사회가 가부장적인 여성차별 사회로 간음죄를 '여성의 죄'로만 인식한 것에 반해, 예수님께서는 간음 금지 계명을 여성뿐만 아니라 남성에게도 평등하게 적용해야 할 계명으로 다루셨다.

예수님께서는 남성과 여성을 동등한 인격체로 존중해 주신 것이다. 하나의 인격체로서 여성은 성적 욕망에 사로잡힌 남성의 음란한

시선의 대상으로 전락해서는 안 되며, 여성 자신도 남성과 마찬가지로 성적 결정권을 가진 동등한 존재로 인정되어야 함을 강조하셨다.

간음죄를 개인에게 한정시켜 적용할 수도 있으나 하나님과 이스라엘 백성, 그리스도와 교회와의 관계로 확대해서 적용하는 것처럼 하나님과 한반도로 적용해서 생각해 볼 수 있다. 우상숭배로 인해 이스라엘 백성이 하나님 앞에서 순전한 신부의 역할을 감당하지 못하고 하나님 말고 다른 것, 즉 주위의 애굽이나 바벨론, 앗수르 등을 의지했던 것처럼 남북한 모두 하나님 말고 주위 힘센 나라를 의지하는 영적 간음죄를 범하고 있다.

요한복음 8장에 기록된 간음 현장에서 붙잡혀 온 여성에 대한 처벌을 둘러싸고 예수님과 유대 종교지도자들 간의 논쟁을 통해 '간음'에 대한 예수님의 생각을 알 수 있다. 분명히 간음이란 남성과 여성이 함께 한 범죄 행위였음에도 불구하고, 당시 대부분의 사람은 여성만 비난하고 심지어 돌로 심판사형까지 해야 한다고 소리쳤다. 성경은 간음한 여인을 간음죄로 처벌하기 위해서는 상대 남성에 대한 조사와 증언이 선행되어야 함(신 22:22)을 말씀하셨지만 여성사회적 약자보다는 남성기득권중심으로 처리되었다.

● 북한: 혈맹

> **혈맹**血盟
> ①희생을 감수하면서 도와주는 동맹국, ②피로서 굳게 맹세하다.

북한과 중국은 압록강과 두만강을 국경으로 한 최고 인접국이며, 양국의 국경은 1,300여 Km에 달한다. 양국은 1949년 10월 6일 외교관계를 맺었는데, 신新중국 수립1949년이후 북한은 중국이 가장 먼저 수교한 나라 중의 하나이다. 하지만 북·중 관계의 역사는 수교 훨씬 이전에 이미 시작되었다.

신중국 수립 이후 같은 정치이념체제를 가진 사회주의국가로서의 북한과 중국은 '순망치한'脣亡齒寒의 관계로 묘사될 정도로 매우 밀접한 운명을 가진 관계로서 영향력을 주고받는 역사를 이어왔다. 따라서 북·중 관계는 생각 이상으로 훨씬 견고하며, 양국 간에 혹은 양국을 둘러싼 단발적인 사건들events로 전체적인 관계구조가 깨어지기는 쉽지 않을 것으로 여겨진다.

북·중 관계의 시원적始原的관계는 북한조선민주주의인민공화국, 1948년 9월 9일을 건국하는데 주요한 세력이었던 김일성파와 연안파의 항일무장투쟁 역사부터이다. 1928년부터 시작되어 1949년에 종결된 중국의 내전內戰, 특히 1945년의 얄타체제 이후 중국의 결정적 내전 시기 1945~1949년인 만주 전선 시기에 중국공산당과 함께 싸웠던 조선인 사회주의자들중국 내전에서는 특히 연안파의 투쟁과 북한지역에서의 중국 공산당군에 대한 후방원조는 북·중 관계의 중요한 함의를 하고 있다. 소련 군정1945~1948년이 실시되고 있던 북한으로서는 중국공산당을 지원한다는 것이 쉽지 않은 결정이었지만 김일성은 "중국의 사정은 곧 우리의 사정"이라고 지원하였다고 한다(양영조, 2013). 북한은 마오쩌둥의 중국공산당이 장쩌민의 국민당과 최후의 결전을 치를 때, 후방기지로 한반도 북부 지역을 제공하였으며, 전략적 교통로와 전략물자 등을 지원하였다.

중국 내전 시기의 김일성과 연안파의 중국공산당과의 공동투쟁과 후방원조는 한국전쟁1950년때, 중국 인민지원군사령관: 펑더화이彭德懷의 전쟁 참여로 보답 되었다. 당시 마오쩌둥毛澤東은 한국전쟁에 참전하는 인민지원군들에게 "중국 동지는 반드시 조선의 사정을 자기 사정처럼 간주해야 한다."고 명령했다고 한다. 북·중 양국은 '경제문화 협력 협정'1953년 11월을 체결함으로 인민지원군은 한국전쟁이 끝난 후에도 북한의 복구·건설을 지원하기 위해 1958년까지 잔류하였다.

> **마오안잉**毛岸英 Máo Ànyīng, 1922년 10월 24일 - 1950년 11월 25일
> 마오쩌둥과 두 번째 부인 양카이휘 사이에서 태어난 큰아들이다. 1950년 한국전쟁이 발발하자 중국인민지원군이 결성되었고 마오안잉은 이 부대에 지원하여 펑더화이의 러시아어 통역관으로 펑더화이와 함께 압록강을 건넜다. 마오안잉은 한국전쟁에 참전한 지 약 한 달 만인 1950년 11월 25일 평안북도 동창군 대유동에서 미군 전투기 폭격으로 전사했다. 그의 유해는 평안북도 회창군 인민지원군 총사령부 열사릉원에 묻혔다(위키백과).

　북·중 관계는 1980년대 말부터 진행된 탈냉전으로 말미암아 일정 정도 변화가 생기게 되었다. 북한의 나진·선봉 자유경제 무역지대 선포1991년 12월로 북·중 관계에 돈독해지는 것 같았으나 한국과 중국이 수교1992년 8월하면서 급격히 냉각상태로 변하게 되었다. 더욱이 사회주의권의 붕괴와 함께 북한경제는 심각한 위기를 맞게 됨으로 북한 또한 경제회복을 위해 서방사회와의 무역 확대를 모색하게 되었다.

> 1992년 한·중수교에 대한 김일성은 한·중수교를 설명하러 방북했던 장팅옌張庭延 중국대사에게 "중국과 남조선 관계에 대해 중국에서 이미 결정했으니 그렇게 하라. 우리는 계속 사회주의건설을 진행할 것이고 무슨 어려움을 당하면 스스로 극복할 것이다."라고 분노했다고 한다(양영조, 2013).

　한중수교는 북·중 관계에 많은 영향을 끼쳤는데, 순망치한脣亡齒寒의 혈맹이었던 중국은 북한에 대해 양국 무역에서 존재해왔던 사

회주의 우호가격제友好價格制와 구상무역을 없애고 경화hardcurrency결제를 요구하게 되었다. 이러한 북·중 관계의 변화는 경제 위기가 가중되고 있던 북한에 큰 충격을 주었고 이에 북한은 중국에 대한 비판을 공개적으로 하기 시작하였다.

이후 북한은 창건 이래 가장 혹독한 기근과 경제난1994~1997년, 고난의 행군시기을 겪게 되었고, 북한의 경제원조 요청에 따라 중국은 1994년부터 대북원조를 개시하였다. 북·중 양국은 '특수항목 차관에 관한 협정'1994년 3월을 체결하고, 우호가격제와 구상무역을 다시 실시함으로 대북 경제지원이 본격적으로 부활시켰다.

그리고 김정일이 중국주재 평양대사관을 방문2000년함으로써 북·중 간 고위층 왕래가 다시 정상화되었으며, 김정일은 2000년 5월과 2001년 1월에 비공식적으로 중국을 방문하여 북·중 관계에서 커다란 진전을 이뤘고, 2001년 9월에는 김정일의 초청으로 장쩌민江澤民 주석이 정식으로 북한을 방문함으로 북·중 관계가 상당히 회복되었다는 보여주는 것이었다.

2004년에 남한 사회에 중국 정부의 '동북공정'이라는 국가 프로젝트가 알려지게 되면서 북·중 관계도 균열 현상이 보이게 되었는데, 북한의 '중국 종속론' 혹은 북한의 '동북 4성론' 때문이다. 2002년 이래 중국에서 '동북공정'이라는 국가적 프로젝트가 실행되었고,

2004년 이후 동북공정의 문제가 북한의 '중국 종속론' 안에서 북한의 대중 수입액은 급격히 증가하고 북한의 대중 무역의 총계도 급격히 상승하게 되었다.

북한의 핵실험과 미사일 발사, 남한의 도발 등은 미국을 중심으로 전 세계적인 대북제재를 받는 가운데서 북한이 유일하게 믿고 기댈 수 있는 나라, 당분간 북한의 손을 잡아 주는 나라는 중국일 것이다. 북한 안에서도 중국에 대해 '중국 종속론'에 대한 우려나 중국이 언제 배신할 지 모른다는 불신은 여전히 있으나 '그래도 중국이다.'라는 믿음을 갖고 있다고 한다(어느 탈북자가 들려 준 이야기).

● **남한: 동맹**

동맹同盟
①두 나라 이상이 일정한 조건으로 서로 원조를 약속하는 일시적 결합 ②둘 이상의 개인이나 단체 또는 국가가 공동의 목적을 위하여 동일한 행동을 취하기로 한 약속(한국어사전).

한미동맹은 극심한 비대칭 동맹으로 남한에 대한 미국의 일방적인 원조에 의존할 수밖에 없었던 상황에서 시작되었으나 시간이 경과하고 남한의 경제·군사력이 증대되면서 동맹국 간의 변화가 생기고 있다. 따라서 한미동맹은 그 형성 이후 시기별로 다른 임무를 수행하였다고 할 수 있다.

정전체제^{1953년}가 형성된 직후, 소련을 중심으로 북방 삼각 동맹이 형성되고 그에 대응하는 미국을 중심으로 남방 삼각 동맹을 형성하였다. 미국은 동맹국인 남한에 군사적·경제적 지원을 해주었고 북방 삼각 동맹에 대해서는 상당수의 주한미군 부대를 잔류 시켜 군사 우위를 유지하려고 하였다.

데탕트기$^{1969~1979년}$ 한미동맹은 한반도의 긴장을 완화하는 역할을 하였다. 미국은 자국의 필요에 따라 한국군이 월남전에 참전 중인데도 주한미군 1개 사단을 철수하였다. 그리고 기존의 작전통제권을 행사해 오던 유엔사가 정전체제 유지기능만을 담당하도록 하고 한미연합사를 새로이 창설하여 작전통제권을 행사하도록 하였다.

데탕트 detente
데탕트$^{프랑스어로\ 완화·휴식이라는\ 뜻}$는 1970년대 미국과 소련을 중심으로 한 동·서 진영 간 긴장 완화 분위기를 말한다. 제2차 세계대전 이후 미국 중심의 자본주의 진영과 소련 중심의 사회주의 진영을 양극으로 한 냉전 체제가 수립됐지만 1960년대 말부터 서독과 일본의 경제 성장과 제3세계의 협력 등으로 국제 정세는 다극화 체제로 이행했다. 이에 따라 양극화 체제의 긴장이 완화되며 데탕트 국면이 조성됐다. 2018년 현재는 과거 냉전뿐만 아니라 국제적인 긴장 완화를 가리킬 때 많이 쓰이는 말이다(에듀윌 시사상식).

탈냉전기 Post-Cold War era, 소련이 붕괴한 1991년부터 2017년까지 미국은 동맹의 이슈의 범위를 확장하여 북한 핵에 대한 확장억제를 강조하였다. 한미 양국은 2008년 4월 18일 정상회담에서 민주주의와 시장경제 가치를 공유하고, 정치·경제·사회적 상호 신뢰를 확대하며, 국제평화 증진을 위해 한반도와 아시아 및 범세계적 차원에서 긴밀히 협력하는 '21세기 전략동맹'의 방향을 선정하여 동맹의 가치 및 목표와 범위를 명확하게 밝혔다(김성한, 2010). 이로써 미국은 동맹 관계에서 전략적 유연성을 확보하고, 한국의 독자성을 높였다. 따라서 탈냉전기 한미동맹은 전략동맹으로 진화하여 한반도에서는 새로운 위협으로 등장한 북한의 핵 위협을 억제해 오고 있다.

● **순결한 신부: 교회**

성性에 대한 기독교적 이해의 핵심은 인격적 관계성이다. 인간은 삼위일체의 관계로서 존재하시는 하나님의 존재 방식대로 살도록 창조되었다. 인간은 관계를 떠나 생존할 수 없으며, 관계 안에서, 그리고 관계를 통해서 비로소 인간이 되어간다. 성행위에서 인간과 동물이 다른 점은 전인격적 특성에 있다. 인간의 성행위가 동물의 짝짓기와 다른 점은 '생식' 대신에 '관계'를 중시한다는 점이다. 인간이 모든 동물과 다르게 전인격적 특성이 있기에 인간만이 상대의 얼굴을 맞대고 성관계를 갖는 것이다. 헨리 나우엔은 성행위를 '종교적 행위'라고까지 표현하는데, 이는 성행위와 종교 행위 둘 다 '온전한 사랑'과 '자기 헌신'을 특징으로 한다는 공통점이 있기 때문이다(헨리 나우엔, 2014).

> 구약성서 예언자들은 하나님과 인간과의 관계를 부부夫婦의 모습으로 표현하였다(사 62:4-5, 렘 3:1, 31:32 등). 특히 호세아 선지자는 하나님과 이스라엘 백성 사이의 언약관계를 자신의 결혼생활을 통해 가시화하였다. 신약성서에서도 사도 바울은 결혼이라는 비유를 통해 그리스도와 교회, 하나님과 인간 사이에 이루어지는 신비로운 연합(엡 5:22-23)을 설명하였다. 사도 요한 역시 종말 때에 그리스도와 교회 사이에 성취될 관계를 '혼인잔치'(계 19:7-8)로 표현했다.

기독교에서 성性, sex과 성聖, holiness은 매우 밀접한 관계를 맺고 있다. 인간의 성sex은 하나님께서 주신 선물로서 기쁨과 행복의 원천이며, 동시에 하나님을 더 깊이 알 수 있는 신비다. 그런데 성sex이 세속화·사물화되면서 쾌락의 도구로 전락하게 되므로 성도들이 성sex을 통해 하나님의 신비를 알 수 있는 길이 막혀버렸다. 결국 인간은 성sex의 홍수 시대에 살면서 점점 고갈되는 사랑 때문에 고통을 받고 있다. 그리고 한국교회는 물질-영혼의 이원론, 유교적 성 윤리로 인해 성sex에 대해 논의조차 금기시되어 성sex에 대한 바른 신학적 이해가 불가능하게 되었다.

인간의 몸은 성령이 거하시는 거룩한 성전일 뿐만 아니라 그리스도의 지체이다. 만약 우리가 창녀와 성관계를 한다면 창녀와 한 몸이 되는 것이고, 그리스도의 지체를 창녀의 지체로 만드는 셈이 되는 것이다. 바울은 성관계를 두 사람 사이의 육체적 결합을 넘어서 정서적-정신적-영적 결합이기에 누구든지 성관계 대상과 한 몸이 되는 일(고전 6:16)이라고 하였다.

몸의 영성, 즉 몸의 거룩함을 추구하며 살아가는 성도들은 모든 종류의 음란한 성관계를 버려야 하며, 자기 몸을 통해 적극적으로 하나님께 영광을 돌리는 것에 힘써야 한다. 왜냐하면, 우리 몸은 음란쾌락을 위해 존재하는 것이 아니라 하나님의 영광을 위해 존재하는 것이기 때문이다.

> [19]너희 몸은 너희가 하나님께로부터 받은 바 너희 가운데 계신 성령의 전인 줄을 알지 못하느냐 너희는 너희 자신의 것이 아니라 [20]값으로 산 것이 되었으니 그런즉 너희 몸으로 하나님께 영광을 돌리라(고전 6:19-20)

십계명 이해하기

"간음하지 말지니라."고 하신 제7계명은 하나님께서 첫 번째로 만드신 공동체로서 가정의 신성함을 지켜 주는 매우 중요한 계명이다. 배우자 이외에 애정을 나누는 간음은 정상적인 결혼 관계를 파괴하는 죄악이다. 여호와 하나님께서 세워 주신 아름다운 가정을 쉽게 파멸시켜 그들의 자녀들에게 지워지지 않는 슬픔을 물려주고 하나님의 구속사를 가로막는 매우 치명적인 죄악이다.

여호와 하나님께서는 하나님 나라 건설의 출발점으로 가정을 세우고 제7계명을 통하여 인간 가정의 존엄함을 깨우쳐 주셨다. 가정은 언약 공동체의 가장 기초적이고 기본적인 단위이기 때문에 가정이 성별 되어야 그 사회와 그 국가가 성별될 수 있다. 각 가정의 성별은 곧 부부의 성별이고 건강한 공동체가 된다.

인류역사를 통하여 모든 족속과 모든 개인은 여호와 하나님께서 직접 짝지어 주신 성별된 아름다운 부부^{아담과 하와}에게서 난 후손들이다. 여호와 하나님의 창조적 원리에서 볼 때, 부부는 부모와 자식 간의 결속력보다 훨씬 더 강하고 견고하다.

하나님이 허락하신 결혼은 남자와 여자가 연합하여 '둘이 한 몸'이 되는 것이다. 마태복음 19장 6절에서 '이제 둘이 아니요 한 몸이니'라고 말씀하고 있다. 그래서 성경에서는 '진정한 한 사람'은 여자 혼자로도 되지 못하고, 남자 혼자로도 되지 못한다. 남자와 여자가 한 몸을 이룰 때에 바로 그것을 여호와 하나님께서는 '한 사람'이 되는 것이라 말씀하신다.

창세기 2:25에 '아담과 그 아내 두 사람이 벌거벗었으나 부끄러워 아니하니라'라고 말씀하고 있다. 여기에서 '부끄러움'은 하나님의 말씀을 다 잊어버리고 죄를 범한 결과, 거룩한 성결을 상실하여 타락해 그로 비롯된 부자연스럽고 불안정한 정신상태며 분리불안 상태이다. 아담과 하와는 하나님의 말씀 중심으로 살고, 하나님 말씀만을 붙잡고 있을 때 서로가 부끄러움이 없고, 언제나 기쁨이 넘쳤다. 그들의 온몸은 하나님의 영광으로 충만하게 옷 입듯 하였다. 최초의 부부, 최초의 가정은 너무나도 존귀했는데, 그들의 범죄로 말미암아 타락한 후 부부 사이에도 원치 않는 부끄러움이 찾아왔다. 화목한 가정은 모든 인간 생활의 안식처, 보금자리, 행복의 초석이다. 모든 개인의 행복도, 모든 교회의 성장도, 한 나라의 부흥과 평화도, 모두 건강하고 화목한 가정에서부터 시작된다. 우리가 믿는 여호와 하나님은

'가족의 하나님'이다. 하나님의 구속적 경륜은 분명히 경건한 하나님의 가정을 통하여 이루어진다.

　북한 역시 가정을 잘 지키고 사는 모습은 우리와 별반 다를 바가 없다. 그러나 하나님을 떠나버린 에덴이 그러하듯이 참 가정의 행복을 누리는 삶을 살기에는 어려울 것이다. 아내 사랑하기를 자기 몸 사랑하듯 하라는 주님의 명령을 따라 살아가는 우리가 되어야 한다.
　자본주의가 발전하고 민주주의가 발전할수록 깨어지는 가정이 넘치고 있다. 옛날 미국 사회를 바라보며 '저렇게 가정이 깨져서 어쩌나…' 했는데 우리나라의 이야기가 되어버렸다.
　자본주의도 가정을 건강하게 지키는 데에는 한계가 보인다.

제8계명
한반도 불의 不義

"도둑질하지 말라"(출 20:15)

 인간에게 있어 자기 목숨과 가정만큼이나 소중한 것이 재산이다. 십계명에서 도둑질 금지명령이 살인 금지명령과 간음 금지명령 다음에 오는 것을 보면 하나님께서 심각한 사회악으로 도둑질을 생각하고 계심을 알 수 있다. 하지만 현대인들은 하나님께서 엄중히 여기시는 것과는 다르게 심각한 죄로 받아들이지 않는 경향이 있다. 가난한 사람들은 자신들의 좀도둑질을 권력자들이나 부자들의 큰 도둑질에 비하면 아주 작고 사소한 것이라고 하면서 정당화까지 한다(조용훈, 2015).

 기득권자들은 불의한 사회구조나 제도를 통해 얻은 거대한 이득을 관행이나 당연한 결과물로 여기며 도둑질에 대해 아무런 죄의식조차 없는 것 같다.

> 만일 우리가 이 계명대로 도둑질하는 사람들을 잡아다 모조리 교수형에 처한다면, '이 세상은 순식간에 텅 비고, 사형 집행인은 물론 사형대까지 태부족할 것이다(마틴루터 Martin Luther, 1483-1546).

'도둑질하지 말라.'는 계명에는 '무엇을' 훔치면 안 된다는 목적어가 없는 단순한 문장으로 되어 있다. '무엇'에 대해 정확한 규정이 없기 때문에 금지 행위로 타인의 물건이나, 이웃의 짐승을 훔치는 것과 사람의 유괴나 인신매매까지도 적용할 수 있다. 이 계명은 이웃의 생명과 더불어 그의 생존에 필수적인 재산을 보호하려는 의도를 가지고 있다.

성경은 직접적인 도둑질뿐만 아니라 간접적인 도둑질, 부정직한 상거래를 통한 '부당한 이득'을 취하는 행위까지도 죄라고 말씀하신다. 물건을 사고팔면서 부당하게 이익을 얻는 일까지도 절도죄이다(레 25:14). '공정하지 않은 도량형'이란 표현을 통해 모든 부정직한 상거래를 정죄하신 것이다.

> 13너는 네 주머니에 두 종류의 저울추 곧 큰 것과 작은 것을 넣지 말 것이며 14네 집에 두 종류의 되 곧 큰 것과 작은 것을 두지 말 것이요 15오직 온전하고 공정한 저울추를 두며 온전하고 공정한 되를 둘 것이라 그리하면 네 하나님 여호와께서 네게 주시는 땅에서 네 날이 길리라 16이런 일들을 행하는 모든 자, 악을 행하는 모든 자는 네 하나님 여호와께 가증하니라(신 25:13-16)

성경은 이웃에게 빌려준 돈이나 곡물에 대해 이자를 받는 것도 도둑질에 해당한다고 금지하셨다. 고대 바벨론의 함무라비법이나 에쉬눈나 법전에서는 빌려준 돈에 대해 20~50% 정도의 이자는 당연한 것으로 여겼으나, 유대 사회는 이자 자체를 허락하지 않았는데, 이자가 채무자의 자유를 빼앗고 목숨까지도 해칠 수 있기 때문이다.

> [19]네가 형제에게 꾸어주거든 이자를 받지 말지니 곧 돈의 이자, 식물의 이자, 이자를 낼만한 모든 것의 이자를 받지 말 것이라 [20]타국인에게 네가 꾸어주면 이자를 받아도 되거니와 네 형제에게 꾸어주거든 이자를 받지 말라 그리하면 네 하나님 여호와께서 네가 들어가서 차지할 땅에서 네 손으로 하는 범사에 복을 내리시리라(신 23:19-20)

자본주의 사회에서 도둑질 금지 명령은 사적 소유권을 정당화하고, 사유재산의 신성불침성을 주장하지만, 고대 유대사회에 사적 소유권 개념은 아예 존재하지도 않았고, 사유재산이 신성불가침의 절대 권리라고도 생각하지 않았다. 오히려 유목사회였던 고대 유대사회에서 우물이나 목초지, 가축 같은 주요 재화는 개인의 재산이 아닌 공동체의 재산으로 간주하였다. 이 계명의 근본 목적은 공동체로부터 개인의 재산을 보호하는데 있다기보다는, 공동체의 재산을 사유화하려는 부도덕한 행위를 막으려는 것이다. 공동체의 재산을 사유화하려는 사람들 때문에 공동체 구성원들의 삶의 질이 떨어지고, 공동체가 위기에 빠질 수 있기 때문이다.

남북한은 구성원들을 위해 사적 소유권을 지켜주고, 생명까지 보호해 주어야 하는데 오히려 정권이나 개개인들의 극단적 이익 때문에 침해하는 문제가 발생하였다.

● **북한: 토지개혁을 통한 토지몰수**沒收

해방 후 북한은 기존의 사회질서를 혁파하기 위해 "반제반봉건 혁명"이라 불리는 개혁을 단행하였다. 이 개혁 운동의 목표는 일제 강점기 동안 기득권을 휘둘러 온 친일파와 지주 계급을 척결해 새로운 사회질서를 창출하는데 있었다. 새롭게 건국한 북한은 같은 민족인 조선인들을 억압하고 착취해 부당한 이득을 취해온 그들을 척결함으로써 새로운 사회에 대한 정의를 실현하고자 한 것이다. 따라서 소련 군정에 의해 세워진 북한 최초의 중앙정부인 〈북조선 임시인민위원회〉는 이 문제를 해결하고자 친일파 청산과 토지개혁에 착수하였다.

> 소련군정은 1946년 1월 2일자 제25군사령부 명령서 제2호로 북한전역에 토지조사를 2월 15일까지 완료하도록 〈북조선임시인민위원회〉와 각도 인민위원장에게 지시하고 각도 소련군 위수사령관에게 협조하라고 명령하였다. 이에 앞서 조선공산당 중앙위원회는 1945년 10월 3일 '공산당의 토지문제에 대한 결의'를 통해 무상몰수 무상분배의 원칙, 토지의 국유화와 각 농가의 노동력과 인구기준에 의한 분배로 경작권은 농민에게 주고 국가가 소유권과 관리권을 갖게 하였다. 북한 현지에서 소련군정이 작성한 토지개혁 방안은 "5정보 이상 규모의 토지를 소유한 모든 조선인 지주의 토지는 국유화하며, 소작제를 전면 금지하고 소작을 준 모든 토지는 국유화한다."는 것이다(김성보, 2006).

입법권과 행정권을 함께 보유한 〈북조선임시인민위원회〉가 1946년 3월 5일 전문 67조의 '북조선 토지개혁에 관한 법령'을 공포하고 3월 8일에 시행세칙을 규정하여 토지개혁을 실시한 후 3월 말까지 완료하였다. 일본인과 친일파 소유 토지 그리고 남한으로 월남한 자의 토지는 몰수하여 국유화하되 인민위원회가 관리하고 이전 경작자에게 경작을 계속하게 하였다. 또한 소작료에 대해서도 지주들에게 불리한 '소작료 3·7제'를 확정하였다. 이러한 조치로 인하여 북한에서 토지개혁이 짧은 기간에 순조롭게 진행될 수 있는 여건과 분위기가 이미 조성되었던 것이다(이춘선, 2019).

> 1946년 3월경 황해도 수안농업학교 교사 최재춘 25세은 지역 당국으로부터 수안군인민위원회 회의실에 집결하라는 통고를 받았다. 그는 황해도 인민위원회가 파견한 한 간부로부터 "역사적인 토지개혁"에 관한 연설을 들었다. 그 연설에 감격한 그의 머릿속에 과거의 서글픈 기억들이 되살아났다. 쌀을 꾸러갔을 때 으름장을 놓던 지주의 거만한 태도와 그해 가을 빚을 갚고자 독에서 쌀을 퍼내던 어머니의 그늘진 표정이 차례로 떠올랐다. 그 간부는 참석자들을 향해 외쳤다. "왜 농민들은 1년 내내 갖은 고생을 다 하며 거둬들인 쌀을 고스란히 지주들에게 넘겨야 합니까? 토지는 자신의 노력으로 밭갈이하는 농민들에게 돌아가야 합니다!" 그날 밤 한숨도 잠을 이루지 못한 최재춘은 이튿날부터 농민들에게 토지개혁 법령을 해설하는 사업에 발 벗고 나섰다(「황해도 수안고급중학교 교장 최재춘 자서전」, 1949).

토지개혁으로 몰수한 토지는 약 100만 정보로 전체 경지면적의 53%에 해당하며 전체 소작지의 거의 모두가 몰수되었다. 토지개혁으로 토지가 없는 소작농은 사라졌지만, 2.5정보 미만을 소유한 농가가 전체 농가의 75.1%이며 이 중 1정보 미만은 31.1%로서 빈농과 소농의 농촌구조로 변했다. 무상몰수無償沒收와 획일적인 무상분배無償分配를 하여 '농업 집단화'가 추진됨으로써 새로운 형태의 농업노동자로 전락하게 된 것이다. 이것은 현재의 북한 식량부족 원인이 되었으며, 좁은 한반도에서 남북한이 70년 이상 서로 다른 토지제도를 유지하고 있어, 향후 통일 한국이 되었을 때 또다시 토지개혁을 해야 하는 불가피한 상태를 만든 것이다.

● 남한: 부동산 투기投機

해방 후 최초의 부동산 투기는 귀속재산의 헐값 매각이었다. 귀속재산은 일제가 남기고 간 재산으로, 당시 민주주의 진영에서는 국유화하여 국가 주도 경제개발의 토대로 삼아야 한다는 의견이 지배적이었으나 미군정은 자신들에게 협력할 자본가계급을 육성하기 위해 귀속재산을 헐값으로 매각했고 미국 후원하에 성립한 이승만 정부는 이 정책을 계승했다. 귀속재산 헐값 매각은 국가적 특혜로 한국의 토착 자본가 계급 탄생과 축적과정이라 할 수 있다. 이러한 귀속재산 매각으로 재벌이 형성될 수 있었고, 그 재벌들은 남한의 고도 경제 성장의 주역으로 또 부동산 재벌이다(장상환, 2004).

> 부동산 투기란 '시가의 변동에 따라 이익을 얻으려는 목적으로 부동산을 사고파는 거래행위'이다. 남한은 부동산, 특히 땅과 아파트에 대한 투기投機가 사회적으로 큰 문제가 되고 있다. 전세계가 유례없는 코로나19로 인해 고통과 각국 정부의 방역조치로 인한 경제침체 속에서도 유독 서울 아파트값만 천정부지로 올라가는 현상은 개인의 행복추구나 국가발전에 전혀 도움이 되지 않는 아주 위험한 현상이다.

1960~70년대 공업화에 따라 농촌에서 매년 50만 명 이상의 사람들이 서울로 이주하게 되었다. 이렇게 늘어난 도시인구로 인해 주거문제가 새롭게 발생하고 서울을 새로운 도시로 만들어야 했다. 이 과

정에서 엄청난 부동산 가격 상승과 부동산 투기가 이루어졌다. 1970년대 말 지가^{地價}는 매년 20~30% 상승하였고, 특히 1978년에는 무려 49%$^{서울은\ 135\%}$ 상승하여 "단군 이래 최대 호황"이란 말이 유행했다. 경제성장의 주역이었던 재벌들은 정부의 금융특혜지원을 받기 위해 토지를 담보로 제공하였고, 담보를 통해 대출받은 돈을 가지고 다시 토지를 매입함으로써 더 많은 토지 부자가 되었다. 재벌^{투기꾼}들은 도시화, 공업화로 토지 수요는 급증하게 될 것이고, 이때 토지는 자산 증식의 엄청난 역할을 한다는 것을 잘 알고 있었기 때문이다.

더욱이 1980년대 세계적인 3저 현상$^{저유가·저금리·저달러}$에 따른 수출 증가로 무역수지 흑자를 이룩하였고, 흑자에 의해 발생한 대규모 자본을 생산적인 투자보다는 시세차익이 큰 부동산에 투입하였다. 그리고 대통령선거^{1987년}와 총선 과정에서 남발된 통화와 개발 공약 등으로 지가는 더욱 급상승하게 되었다. 이때 토지 과다 보유와 토지 투기로 최대의 수혜를 누린 것이 바로 재벌들이었다.

1998년 외환위기에 따른 경기침체로 김대중 정부는 여러 경기 부양 대책을 내세웠는데, 그중 주택시장 안정과 건설경기 활성화였다. 그리고 개방정책의 일환으로 외국인 부동산 취득 제한 및 허가제 등의 규제를 풀어주게 되었고, 이때 외국인 투자자들은 부동산을 취득하였다. 주로 이들의 투자는 대도시 도심 내 대형빌딩에 집중되었고, 시세 차익을 노린 부동산 매입에만 열중했었다. 이 시기 부동산 투기의 특징은 서울, 그 가운데서도 강남지역에서 특히 심했다. 강남 개발 이후 강남 아파트는 주택가격 상승을 주도했다.

부동산 투기, 즉 땅과 아파트 투기는 토지 소유자에게 높은 자본이득을 가져다주지만, 일반 국민의 삶을 더욱더 힘들게 만들고 건전한 한국경제의 성장을 저해하는 요인이다. 따라서 부동산 투기는 첫째, 빈부 격차를 확대한다. 둘째, 다수 국민의 주거 문제를 악화시킨다. 셋째, 물가 상승과 부유층의 과소비를 심화시킨다. 넷째, 토지에 대한 투기수익은 생산적 자본에 대한 투자수익보다 월등히 높아서 생산적 투자증대를 저해시킨다.

> 성경에서 '땅'은 하나님이 우주 만물을 창조하실 때 첫 번째로 피조물이었다(창 1:1). 또 사람과 모든 생물은 땅의 소산으로 태어나 자라다가 죽게 되었다. 결국 땅은 모든 생명의 원천이고 생물의 생명을 제공하는 것이다. 그뿐만 아니라 하나님께서는 이스라엘 백성에게 가나안 땅을 선물로 주시고 계약을 맺으시면서 땅을 잘 관리하고 보존하도록 하였다. 그래서 땅은 이스라엘 백성의 것이 아닌 하나님의 소유였기에 땅을 마음대로 팔 수 없으며, 점유하는 동안에 소유만 할 수 있었던 것이다(강사문, 2002).

● **정의를 실현하는 교회**

유대사회에서 공동체적 소유관념이 형성될 수 있었던 것은 유목사회라는 환경적 조건만이 아니라 하나님의 뜻이 반영된 것으로 인간이 가진 모든 소유는 본래 하나님의 것이기 때문이다.

> 땅과 거기에 충만한 것과 세계와 그 가운데에 사는 자들은 다 여호와의 것이로다(시 24:1)

> 우리가 세상에 아무 것도 가지고 온 것이 없으매 또한 아무 것도 가지고 가지 못하리니(딤전 6:7)

따라서 모든 인간은 하나님으로부터 선물 받은 소유물을 사는 동안 선하고 바르게 사용해야 할 도덕적·신앙적 의무를 지고 있다. 도둑질 금지 계명의 목적은 부자의 소유권을 보호하기보다는 가난한 사람의 생존권을 보호하는데 있기 때문에 인간은 청지기로서 선물로 받은 재물과 시간, 재능 등을 가지고 하나님과 이웃을 위해 선하게 사용해야 한다.

교회는 가난한 사람들을 돌봐야 하는 사회적 경제 정의와 정치적 정의를 실현하는 것에 관심을 가져야 한다. 가난이 생존권을 위협하고 자유를 제한함으로써 하나님의 형상으로 창조된 인간의 존엄성마저 파괴하기 때문이다. 구약성경에서 정의와 공의는 하나님이 세상을 통치하시는 중요한 원칙이라고 말씀하신다.

> 오직 정의를 물 같이, 공의를 마르지 않는 강 같이 흐르게 할지어다(암 5:24)

자본과 노동이 이윤이익을 놓고 첨예하게 갈등하는 자본주의사회에서 경제 정의를 평가하는 중요한 지표 가운데 하나가 바로 노동자들에게 정당한 몫이 돌아가느냐 하는 것이다. 초대교회는 하나님의 정의실현이라는 관점에서 노동자의 정당한 몫에 관해 관심을 가졌으며, 그들의 권익을 보호하려고 부단히 노력하였다.

> [1]들으라 부한 자들아 너희에게 임할 고생으로 말미암아 울고 통곡하라 [2]너희 재물은 썩었고 너희 옷은 좀먹었으며 [3]너희 금과 은은 녹이 슬었으니 이 녹이 너희에게 증거가 되며 불 같이 너희 살을 먹으리라 너희가 말세에 재물을 쌓았도다 [4]보라 너희 밭에서 추수한 품꾼에게 주지 아니한 삯이 소리 지르며 그 추수한 자의 우는 소리가 만군의 주의 귀에 들렸느니라(약 5:1-4)

> 여덟째 계명인 도둑질 금지 계명은 이웃에게 재산상 손해를 입혀서는 안 된다는 소극적 의미만이 아니라 이웃의 소유를 지켜주고 보호해 주어야 한다는 적극적 의미를 생각해야 한다. 비록 원수의 가축이라도 길을 잃어버렸으면 반드시 주인을 찾아주어야 하며, 원수의 나귀가 짐을 싣다가 주저앉으면 일으켜 주어야 하며, 분실물을 갖게 되면 보관했다가 주인에게 돌려주어야 한다는 것이다(신 22:1-4). 이 계명은 소극적 윤리에서 벗어나 자기의 소유를 갖고서 어려운 형편에 있는 이웃을 돕는 적극적인 윤리를 요구하는 것이다. 만일 궁핍한 이웃이 곤경에 처해 있는 것을 보고서도 모른 척하고 도움의 손길을 펴지 않으면 그것이 바로 죄가 된다는 것이다(『우리 시대를 위한 하나님의 열 가지 말씀: 십계명의 영성과 윤리』 조용훈, 2015).

⁷네 하나님 여호와께서 네게 주신 땅 어느 성읍에서든지 가난한 형제가 너와 함께 거주하거든 그 가난한 형제에게 네 마음을 완악하게 하지 말며 네 손을 움켜쥐지 말고 ⁸반드시 네 손을 그에게 펴서 그에게 필요한 대로 쓸 것을 넉넉히 꾸어주라(신 15:7-8)

남의 소유를 도둑질하지 않았다는 데 만족하지 말고, 남에게 베풀며 살아야 함을 기억해야 한다는 것이다. 초대교회 교인들은 개인의 사유재산을 인정하였지만, 그것을 자신만을 위한 것으로 생각하지 않고 가난한 사람들과 나누기 위한 것으로 생각하였다.

십계명 이해하기

제8계명 '도적질하지 말지니라.'고 한 것은, 이웃의 재산권을 침해하지 말라는 명령이다. 도적질은 보이는 것뿐만이 아니라 보이지 않는 이웃의 모든 것 생명과 복지를 빼앗는 것까지 모두 포함한다. '도적질'은 히브리어 'בָּנַג'가나브로, '휩쓸어가다, 몰래 가져가다, 속이다.'라는 뜻이다. 도적질은 두 가지로 정리된다.

도적질은 이웃의 소유^{주인 있는 것}를 주인의 허락^{동의}이 전혀 없는데도 불구하고 권한 없는 자가 가져가는 모든 행동을 말한다. 남의 권리를 침해해서라도 자기의 이득을 취하는 것이다. 여기 '이웃의 소유'란 재산과 관계된 것으로서 돈, 남종, 여종, 의복, 가축, 곡식, 패물 등이 해당된다(출 22:1-15). 남의 돈을 꾸고 갚지 않는 것도 도적질이다.

남을 속이는 은밀한 행위도 도적질이다(창 31:7, 27). 도적질은 '교활하고 음흉하게 남을 함정에 빠뜨리고 이득을 취하는 것, 남의 눈을 속이고 하는 행동'이라고 할 수 있다. 꼭 경제적 손실을 주지 않더라도 은밀하게^{비밀에}남을 속인 행위도 경계해야 할 도적질이다. 이를테면 남의 것을 몰래 훔쳐보는 것도 도적질에 해당된다.

제8계명의 세부 율법에는 이웃의 재산을 도적질했을 경우, 상황마다 구체적인 배상 책임이 기록되어 있다. '배상하다'에 쓰인 히브리어 '샬렘'의 원래 의미는, 끝내다, 완성하다, 완전하다, 회복하다(레 24:18, 왕상 9:25)이다. 즉 채무자가 빚을 갚아 채권자의 재산을 완전하게 회복시킨다는 의미이다. 이러한 지급과 보상이 반드시 이루어져야만 모든 것이 완전해지고, 원래대로 회복되어 하나님께서 기뻐하시는 아름다운 '평화'샬롬가 이룩되는 것이다.

북한은 극심한 가난으로 피폐해진 인간의 본성으로 도덕질을 하게 되어있다. 물론 남한도 나름의 법의 테두리 내에서 남의 것을 훔치는 일들이 자행되고 있지만 말이다. 그래서 남북한 모두 예수님이 필요하다.

제9계명
한반도 거짓

"네 이웃에 대하여 거짓 증거 하지 말라"(출 20:16)

고대 유대사회에서 대부분의 소송은 마을의 성문 앞 광장(신 21:19, 룻 4:1 등)이나 벧엘과 길갈, 그리고 미스바에 있는 성소의 앞마당(삿 4:5, 삼상 7:16 등)에서 벌어졌다. 당시 재판은 피해자나 증인이 고소를 제기함으로써 시작되었다. 검찰도 없고, 수사관도 없고, 지금처럼 과학적 수사기법(거짓말 탐지기 등)도 없는 상황에서 판결의 결정적 근거는 증인의 증언이었다. 그런 상황에서 진실한 증인은 '생명의 구원자'(잠 14:25)가 되겠지만, 거짓 증인은 '방망이요, 칼이요, 뾰족한 화살'(잠 25:18) 같은 존재였다(조용훈, 2015). 따라서 거짓 증인들로 인해 받는 고통은 다음 기도문을 통해 짐작할 수 있다.

내 생명을 내 대적에게 맡기지 마소서 위증자와 악을 토하는 자가 일어나 나를 치려 함이니이다(시 27:12)

사형 판결의 경우 거짓 증인에 의해 무고하게 생명을 잃을 수도 있기 때문에, 유대 사회는 '복수 증인제'를 채택하였다. 재판장이 사형 선고를 내리기 위해서는 반드시 2명 이상의 일치된 증언이 필요했다(신 19:15). 복수 증인제라는 견제 장치가 있었음에도 종종 무고한 사람이 억울하게 목숨을 잃는 경우가 발생하는데, 대표적인 사건이 아합왕에 의해 나봇이 생명과 포도밭을 빼앗긴 것이다(왕상 21:7-10). 그리고 신약시대 초대교회 지도자 가운데 하나였던 스데반 집사를 처형할 때에도 거짓 증인들이 나타났다(행 6-7장). 유대 사회가 거짓 증언이 얼마나 심각한 사회악이며, 하나님께 대한 범죄라고 생각했는가는 거짓 증인에 대한 처벌 규정을 통해 알 수 있다.

> 16만일 위증하는 자가 있어 어떤 사람이 악을 행하였다고 말하면 17 그 논쟁하는 쌍방이 같이 하나님 앞에 나아가 그 당시의 제사장과 재판장 앞에 설 것이요 18재판장은 자세히 조사하여 그 증인이 거짓 증거하여 그 형제를 거짓으로 모함한 것이 판명되면 19그가 그의 형제에게 행하려고 꾀한 그대로 그에게 행하여 너희 중에서 악을 제하라(신 19:16-19)

아홉째 계명인 거짓 증언 금지 계명은 법정에서 거짓 증언하지 말라는 좁은 의미와 더불어 일상에서 온갖 거짓말을 금지하는 넓은 의미도 내포하고 있다. 거짓 증언이란 그 본질에 있어서 거짓말이며, 거짓 증인이란 거짓말쟁이다. 그래서 성경은 거짓 증언과 거짓말쟁이를 같은 범죄 행위로 표현하고 있다.

> 거짓 증인은 벌을 면할 수 없고 거짓말하는 자는 빠져 나갈 길이 없다 (잠 19:5 공동번역)

남북한 정부는 각각의 정부를 안정시키고 국민들로부터 정권에 대한 지지를 얻기 위해 수많은 거짓과 술수로 국민을 속여 왔다.

● **북한: 선전·선동**

지구상의 국가 중 가장 폐쇄적이고 통제적인 국가인 북한에 대해 남한을 비롯한 외부 세계가 갖는 의문 중의 하나는 "북한 정권이 수립된 지 70여 년이 지났음에도 왜 무너지지 않는 것일까?"이다. 할아버지 김일성 주석1912~1994년 사망과 아버지 김정일 국방위원장1942~2011년 사망이 사망했을 때, 30대 초반이었던 김정은이 모든 권력을 세습한다 했는데도 북한에서는 어떠한 붕괴의 조짐도 나타나지는 않았다. 이것이 가능한 이유를 단순히 물리적 감시와 통제만으로 설명할 수는 없다. 북한 당국의 조직된 감시와 통제에 더불어 강력한 선전·선동을 통해 북한 주민의 사고체계, 사상의 자유를 통제하였기에 가능한 일이었다고 할 수 있다. 다수의 북한 전문가들은 북한이 다른 사회주의 국가들보다 강력하고 직접적인 선전·선동을 하여 주민들을 세뇌하며 사고체계를 관리해 왔다고 주장한다.

> **선전·선동이란**
> 선전宣傳 ①일정한 사상, 리론, 정책 등을 대중에게 론리적이며 체계적으로 해설해줌으로써 리론적으로 파악하고 인식하게 하는 사상사업의 한 형식 ②널리 말하여 퍼뜨리고 알리는 것
> 선동煽動 ①혁명과업을 잘 수행하도록 대중에게 호소하여 그들의 혁명적기세를 돋구어주며 당정책 관철에로 직접 불러일으키는 정치사상 사업의 한 형태. 정치선동과 경제선동이 있다. ②어떤 행동에 나서도록 부추겨 움직이는 것이다(북한의 「조선말사전」, 2010).

북한 조선노동당 중앙위원회 내의 조직지도부와 선전·선동부 양대 부서는 사상으로 통제하는 가장 강력한 부서이다. 조직지도부가 조밀하게 조직을 장악하여 전체 주민의 생활을 통제하고 있다면 선전·선동부 또한 각종 조직 내의 선전·선동부서를 통해 전체 주민들의 사상을 통제한다. 북한은 주민들을 다양한 조직에 소속 시켜 이중 삼중으로 일상생활을 감시 통제하듯이 선전·선동체계를 통해 주민들의 사상생활 또한 종적, 횡적으로 통제하고 있다. 주민 사상 통

제는 당 중앙위원회 선전·선동부가 모든 부문들의 당위원회 선전부를 통해 실행하고, 말단의 당 세포 비서들은 현지의 집행자 역할을 한다(이경직, 2014).

> **세뇌**洗腦, Brainwashing
> 사상개조나 재교육이라고도 한다. 일반적으로 정치적, 종교적인 목적을 위해 신체적, 사회적 조건들을 통제함으로써 개인이나 집단의 믿음이나 행동을 바꾸는 강제적인 수단을 통칭한다. 세뇌라는 말이 널리 쓰이게 된 것은 비교적 최근의 일이다. 1950년대 중국공산당이 지배체제를 굳히는 과정에서 체계적인 세뇌방법을 활용함으로써 널리 알려지게 되었다. 세뇌방법으로는 절대적인 복종과 겸양을 요구하는 제도, 사회적 압력, 협조에 대해서는 상을 내리고 비협조적인 경우에는 추방이나 비판을 가하는 보상체계, 사회적 접촉 금지, 음식이나 수면의 박탈, 강제노역, 고문 등 다양한 방법이 동원된다(두산백과).

노동당 중앙위원회 선전·선동부는 김일성·김정일·김정은 수령형상 내용을 가지고 각종 미디어매체TV, 신문, 라디오, 영화 등와 문화예술작품문학, 음악, 미술 등을 통해 북한 주민들을 선전·선동한다. 이때, 모든 미디어매체와 문화예술 작품들은 당국의 엄격한 검열과 통제를 거쳐서 북한주민들에게 전달되는데, 창작 기획 단계로부터 창작과정, 방송·출판되기까지 검열검토, 비판과 재검열을 한다. 김일성은 인쇄물과 라디오 선전·선동을 주로 하였고, 김정일과 김정은은 인쇄물과 함께 영상매체를 활용하여 선전·선동을 하고 있다. 김정은 시기에는 인터

넷과 SNS를 활발히 선전·선동 수단으로 이용한다고 하지만 이는 북한 주민들을 향한 것이라고 하기보다는 철저히 대남, 대외용이라고 할 수 있다.

북한체제에서 선전·선동의 중요한 기능은 ①조직 확산 기능 ②통제 기능, ③결속^{단결}기능 ④커뮤니케이션 기능이다(강현두, 1997). 북한을 선전·선동을 통해 주민들에게 김일성 우상화를 전일적^{全一的}으로 세뇌시키고 있다. 북한에서 수령유일주의, 수령절대주의, 수령독재 등 우상화가 가능한 이유는 극도의 폐쇄주의 때문에 지속가능한 것이다. 북한정권은 중국은 물론 서방사회로부터 들어오는 모든 외부정보를 통제하고 오직 소수의 제한된 권력층만이 정보를 접할 수 있다.

북한 주민에게는 오직 체제복종에 필요한 정보만을 선전·선동 자료로 활용한다. 이 정보^{선전·선동 정보}는 북한 주민에게 필요한 것이 아니라 권력층의 필요에 따라 주민들에게 전달되는 것이다.

● **남한: 안보정치와 '북풍'**

남한의 정치지형을 '기울어지 운동장'에 비유할 만큼 해방 이후 좌우의 정치 갈등 속에서 남북이 분단된데 이어 어제까지는 같은 민족이었으나 서로에 대해 전멸全滅시키려 했던 전쟁의 참혹한 경험에 기인한다고 할 수 있다. 지속된 분단 상황은 상호 적대적인 관계로 지속되었고 각자 내부 체제를 강화시키고 이를 정당화시키려는 지배 이데올로기북한의 수령제일주의와 남한의 반공주의로 발전하게 된 것이다. 남북 분단 상황을 이용하여 안보의 이름으로 자신들의 정치적 경쟁세력을 탄압하거나 약화시키려는 것을 '안보정치'라고 할 수 있다(정해구, 2013). 선거에서 안보정치가 사용되면, 자유롭고 공정한 경쟁은 사라지게 되고 극단적 적대감만 남게 된다.

그리고 역대 선거를 살펴보면, 북한의 도발이나 돌출행동핵실험이나 미사일 발사 등등 북한과 관련된 각종 사건이 남한 선거에 상당한 영향을 끼친 경우가 적지 않았다. 남북관계가 특정 정치 세력에 의해 국내정치 특히 선거에 이용되어 선거 결과를 왜곡시키는 경우가 있었다.

예를 들어 15대 총선1996년을 코앞에 둔 시점에서 발생한 북한의 잇따른 비무장지대 무력시위는 사상 처음으로 서울지역에서 여대야소 구도를 낳는 중요한 원인이었다. 이처럼 남한의 선거에서 북한의 영향을 "북풍"北風, 즉 남한선거에 일정한 영향을 미치는 북한과 직·간접적으로 관련된 "북한변수"라고 하는 것이다. 분단이라는 상황에서 북한은 적대세력으로서 군사적 위협의 원천이며, 남한체제를 전복시키려는 적대세력이며, 다른 한편으로는 함께 통일을 이루어야 할 같은 민족이다. 이러한 점에서 북한의 각종 도발행위뿐만 아니라, 유화적 행동, 평화분위기 조성 등은 선거 결과에 심대한 영향을 미칠 가능성이 크다(정준표, 1998).

영화 「공작」은 대북 스파이 '흑금성'의 첩보전을 통해 남과 북 사이에 있었던 긴장감과 더불어 같은 민족이기에 오갈 수밖에 없었던 미묘한 교감들을 폭넓게 그려냈다. 북으로 간 스파이, 암호명 흑금성. 1993년, 북한 핵 개발을 둘러싸고 한반도의 위기가 고조된다. 정보사 소령 출신으로 안기부에 스카우트된 박석영황정민은 '흑금성'이라는 암호명으로 북핵의 실체를 캐기 위해 북의 고위층 내부로 잠입하라는 지령을 받는다. 1997년. 남의 대선 직전에 흑금성은 남과 북의 수뇌부 사이 은밀한 거래를 감지한다. 본 영화의 배경이 된 '흑금성 사건'은 1997년 12월 대선을 앞두고 고故 김대중 후보를 낙선시키기 위해 안기부가 주도한 북풍 공작사건을 의미한다(다음영화 「공작」).

　　남한에서 민주주의가 발전하면 할수록, 국민이 국민다워질수록 정치지도자들은 '국민은 절대로 우매하지 않다.'는 사실을 기억해야 할 것이다. 똑똑하다고 생각하는 사람들이 흔히 하는 실수가 있는데, 자신이 똑똑하고 상대방은 똑똑하지 못하기에 자신들이 그렇다고 말하면 '상대방이 그렇다고 믿게 될 것이다.'라는 착각을 하는 것이다.

그렇기 때문에 상황에 따라 얼마든지 말을 바꾸고, 거짓을 말하고, 잘못한 말이나 행동에 대해 국민대중은 기억하지 못하고 속아 넘어갈 것이라는 착각을 하는데, 한번은 속일 수 있을지 모르겠으나 거짓이 반복되면 될수록 나중에는 자신이 한 말과 행동이 자신의 가장 큰 적으로 되돌아오리라는 것을 기억해야 한다.

선거에서 승리하기 위해 잘못된 방법이나 거짓을 말했다면, 당장 선거는 이길 수 있겠으나 계속 이길 수는 없을 것이다. 우리는 대통령선거 5년, 국회의원선거 4년을 정기적으로 시행하기 때문에 한번만 당선되고 다시는 정치를 하지 않을 것이 아니라면, 한번 정권을 잡고 다시는 정권 도전을 하지 않을 것이 아니라면 지속 가능한 승리의 방법을 강구해야 한다. 지속 가능한 승리의 방법은 거짓이 아니라 진실이며, 지금만이 아니라 지금부터 미래를 위하는 것일 것이다.

● 거짓을 이기는 힘, 정직

법정에 선 증인은 "양심에 따라 숨김과 보탬이 없이, 사실 그대로 말하고, 만일 거짓말이 있으면 위증의 벌을 받기로 맹세합니다."라고 진실만을 말하겠다는 엄숙한 선언을 한다. 심지어 미국 법정은 성경

위에 손을 얹고 "하나님 앞에서 진실만을 말할 것을 맹세합니다."라고 선언까지 한다. 그러나 안타깝게도 진실을 증언하겠다고 맹세한 법정에서조차 거짓말의 경연장으로 변질하곤 한다.

> 누구나 거짓말을 한다. 경찰도 거짓말을 하고, 변호사도 거짓말을 하고, 증인도 거짓말을 하고, 피해자도 거짓말을 한다. 재판은 거짓말 경연장이다. 법정 안에 모든 사람도 그 사실을 알고 있다. 판사도 알고, 심지어 배심원도 안다(『탄환의 심판』 마이클 코넬리, 2012).

법정에서 거짓이 판을 치니, 일상에서 거짓이 판치는 것은 물론이요, 정치영역, 경제영역, 학문영역 등 그 어느 영역이라도 거짓의 영향 아래 벗어난 곳은 없다. 심지어 진리의 최후 보루가 되어야 할 종교教會지도자들마저 거짓말을 일삼으며, 거룩한 설교단은 진리에서 점점 멀어져 가고 있다. 인간이 태생적으로 거짓말쟁이라는 사실은 어린아이조차 부모에게 거짓말하는 것을 통해 알 수 있다. 그런데다가 우리 사회에서 "정직하면 손해"라는 생각이 지배적이기에 '거짓 증거 하지 말라.'는 계명은 공허한 메아리처럼 들리기 마련이다.

통일한국의 비전을 갖기 원한다면, 100여 년 전 망국亡國의 길 앞에서 진정한 독립과 새로운 국가를 꿈꾸며 새 시대의 삶은 어떠해야 하는지를 몸소 실천하다 순국殉國하신 도산 안창호 선생의 삶을 본받아야 할 것이다.

> 구국救國 꿈을 안고 미국으로 건너간 도산은 오렌지 농원에서 품팔이 일을 하면서도 "우리는 죽더라도 거짓말은 하지 말자."고 "정직이 곧 애국"이라고 주장하면서 정직한 삶을 살고자 몸부림쳤다. 그는 "정직의 사회적 가치는 진실이고, 진실한 삶의 결과는 정직"이라고 믿고 "진실과 정직은 윤리적 규범과 실천의 절대적 가치이며 사회 모든 분야 지도자는 그 모범을 보여줄 의무와 책임이 있다."고 외치며 본本이 되는 삶을 살다가 순국殉國하였다(<안창호는 말했다 "우리가 죽더라도 거짓말은 하지 말자">, 조선일보 2019.12.21).

> 신실한 기독교인이었던 도산은 '정직'을 제일의 신념으로 삼았다. 거짓말과 거짓행실을 '내 나라를 죽인 원수'라고 표현하면서 망국의 수치를 겪게 한 근본적 원인이라고 생각하였다. 그는 늘 학생들에게 "농담으로라도 거짓을 말아라. 꿈에라도 성실을 잃었거든 통회痛悔하라."고 가르쳤다. 크리스천으로서의 양심에 부끄럽지 않게 살았던 도산은 독립운동으로 체포돼 일본 형사 앞에 섰을 때도 당당했다. 활동 목적이 무엇인지 묻는 일본 형사의 질문에 "밥을 먹어도 대한의 독립을 위해 먹었고 잠을 자도 대한의 독립을 위해 잤다. 대한의 독립은 내 목숨이 다할 때까지 나의 유일한 목적"이라고 답했다. 그리곤 "살아계신 하나님께서 우리 대한의 독립을 명령하고 계시기 때문에 우리 대한은 반드시 독립할 것"이라고 확언했다(<거짓과 불신이 망국의 원인, 농담으로도 거짓을 말라>, 아이굿뉴스, 2020.12.7).

> "안창호 선생은 독립운동가 중 거의 유일하게 스캔들이 없었으며 공사를 불문하고 정직을 몸소 실천해 탐욕과 부패로부터 자유로웠다."고 평가하면서 "도산의 리더십에서 가장 중요한 덕목은 정직과 절제다. 진실 된 소통이 필요한 이 시대에 우리는 도산의 리더십을 귀감으로 삼아야 할 것이다."(이만열, 숙명여대 명예교수).

십계명 이해하기

　이웃들에게 거짓말을 하면 안 된다는 제9계명은 인간사회에서 거짓을 배격하고 '진실의 존엄함'을 알려 주고 있다.
　거짓 증거가 우리 이웃들에게 끼치는 해악害惡이 얼마나 무서운지를 알려준다. 제9계명은 사회에서 가장 힘이 없는 약자들가난한 자, 자객, 과부, 고아이 그 거짓 증거 때문에 매도당하는 일이 하도 많아서 앞으로는 그런 일이 없도록 공동체 내에서 약자들을 각별하게 보호하는 여호와 하나님의 극진한 사랑의 계명이다.

　여호와 하나님께서 인간을 창조하신 그 목적은 우리 인간의 혀를 통하여 입술의 열매인 찬양을 받으시기 위함이었다. "입술의 열매"란, 곧 여호와 하나님께만 바치는 찬양의 제사다. 여호와 하나님께서는 찬송가운데 거하신다. 여호와 하나님께 올리는 찬양은 수송아지로 드리는 제사보다 훨씬 나은 자기 자신의 몸으로 드리는 산 제사이다. 그뿐만 아니라 모든 성경에서 인간의 입으로 짓는 죄가 얼마나 많고 심각한가를 경고하고 있다. 여호와 하나님께서는 사람을 정직하게 창조하셨지만 모든 사람이 얕은 꾀를 내어 혀를 잘못 사용하면 자기 몸을 더럽히고 인생의 바퀴를 태우는 불이 된다. 말에 실수가 없다면 정말 온전한 사람이다. 인간의 말이란 포도주와 같아서,

하고 싶은 말을 오래 두고두고 익히면 익힐수록 좋은 법이다. 조급하게 먼저 내뱉은 나의 말 한마디가 타인의 마음에 상처를 주고 교회 분쟁의 불씨가 되어 왔다.

'사실과 다르게 말하거나 사실처럼 꾸민다.'의 뜻이 바로 거짓^{lie,} ^{untruth}이다. 타인을 속이기 위해서, 그것이 아닌줄 알면서도 고의적으로 그렇게 말하거나 행동하는 것들을 모두 말한다. 거짓의 반대말은 '실제로 있었던 일'이란 뜻을 갖는 사실^{fact}이다. 혹은 '거짓되지 않고 참되다.'란 뜻을 갖는 진실^{truth}이다. '증거'는 히브리어로 '에드'이다. '목격자, 증인, 증거'라는 의미가 있다. 이것은 법률적인 용어로서, 법정에 서서 진술하는 증언을 가리킨다. 그러므로 '거짓 증거'는 법정과 같은 법률적이고 공적인 자리에서 죄를 가리고 죄가 없는 것처럼 말하는 아주 엄격한 자리에서 말하는 것이다.

거짓말들을 물리칠 수 있는 힘은 오직 진실眞實, 곧 정직 밖에는 없다. 인간의 정직은 모든 도덕의 중심이요, 다른 모든 덕의 기본이다. 잠언 11장 3절에 "정직한 자의 성실은 자기를 인도하거니와 사특한 자의 패역은 자기를 망케 하느니라."라고 말씀하고 있다. 공동번역은 '정직한 사람은 바르게 살아 앞길이 열리지만 사기꾼은 속임수를 쓰다가 제 꾀에 넘어진다.'라고 번역하였다. 모든 사람은 다 거짓말쟁이요, 하나님만이 참되시다. 사람은 미련하여 자기 자신이 거짓을 말하고도 그 거짓말에 스스로 속아 넘어간다. 거짓을 말하는 것은 자기 꾀에 배부른 것이니, 자기에게 해만 끼치는 것은 매우 어리석은 짓이다.

북한은 수도 없이 많은 도발을 남한이 먼저 했다고 거짓 증거한다. 6·25부터 시작해서 모든 도발을 남한이 먼저 했다고 가르치니 참으로 거짓으로 얼룩진 나라가 아니던가.

하나님! 저 북한이 거짓을 버리고 진실을 말하는 국가가 되게 하소서. 우리 남한도 사실을 사실로 말하고 후손에게 전할 수 있는 용기를 주옵소서!

제10계명
한반도 탐욕 貪慾

"네 이웃의 집을 탐내지 말라 네 이웃의 아내나 그의 남종이나 그의 여종이나 그의 소나 그의 나귀나 무릇 네 이웃의 소유를 탐내지 말라"(출 20:17)

십계명의 마지막 계명은 이웃의 아내나 집, 소유물을 탐내지 말라고 명령하신다. 이 명령에서 '이웃의 아내'는 제7계명에 '간음하지 말라.'와 '이웃의 집과 소유물'은 제8계명에 '도둑질하지 말라.' 계명과 중복된 계명이다. 그럼에도 불구하고 굳이 열 번째 계명으로 따로 존재해야 하는 것은 다른 계명들과 달리 인간 행위의 근본 동기를 다루는 계명이기 때문이다.

다른 계명들은 겉으로 드러난 행위, 즉 살인, 간음, 도둑질, 거짓 증언 등에 대해 다루었다면 이 계명은 그 모든 악행의 내적 동기, 즉 인간 내면의 죄와 본성을 다룬다는 것이다. 마지막 계명이 문제 삼는 탐심이란 자기 자신이 말하지 않으면 그 누구도 알 수 없는 은밀한 인간 내면 영역이다(조용훈, 2015).

하나님께서 인간 내면 문제인 '탐심'까지도 죄라고 말씀하시는 것은 겉으로 드러나는 악행들이란 결국 숨겨진 탐심에 의해서 생겨나기 때문이다. 인간 행위의 내적 동기인 마음의 태도까지 죄로 문제 삼음으로써 십계명이 단순히 법적 차원이나 도덕윤리적 차원에 있지 않고 신학적 영역에 속하는 것임을 증명하는 것이다. 비록 다른 계명들 앞에서 행위와 관계없이 도덕적이라고 자부하는 사람이라 하더라도 마지막 열 번째 계명인 '탐심' 앞에서는 감히 그 누구도 의롭다고, 완전하다고 자랑할 수 없게 된다. 인간 내면의 깊은 곳까지 속속들이 아시는 하나님 앞에서는 모든 사람은 죄인임을 인정할 수밖에 없기 때문이다.

탐욕이 도덕적으로 정당화되고 장려되는 소비사회에서 '탐내지 말라.'는 명령은 공허한 외침처럼 울린다. 탐욕의 사회에서는 어떤 사람도 자신을 '탐욕적'이라고 부끄러워하지 않기 때문이다. 오히려 자신의 탐욕스러운 행동이야말로 경제와 국가를 살리는 일이라고 큰소리친다. '무엇을 가지거나 차지하고 싶은 마음'이 탐심인데, 계명에서 쓰인 탐내다는 히브리어로 '하마드'이다. '하마드'는 '열망하다.', 또는 '노린다.'는 뜻으로 번역될 수 있어, 자신의 유익과 만족을 위해 타인의 것까지도 갖고자 하는 '강렬한 욕망'을 뜻한다. 말하자면, 자신의 욕망을 채우기 위해 기회를 노리다가 마침내 행동으로 옮기고 마는 특성이 바로 탐심이다.

성경은 여러 곳에서 탐심과 강탈하는 행동이 연관되어 있다고 밝히고 있다. 한 예로 아간은 전리품 사유화 금지법을 어기면서까지 아름다운 외투 한 벌과 은 이백 세겔과 금덩이리를 몰래 사취하였다(수 7:21). 신약성경에서 '탐내다.'는 헬라어 동사 '플레오넥시아$^{\pi\lambda\epsilon o\nu\epsilon\xi i\alpha}$로 번역되었다(막 7:22, 눅 12:15, 롬 1:29 등). 성경이 인간 내면의 탐심을 특별히 경계하는 이유는 탐심이야말로 모든 종류의 악행을 일으키는 근본 원인이 되기 때문이다. 성경은 인간 원죄의 근원이 금지된 열매에 대한 탐심 때문이었다고 말씀하신다.

> 여자가 그 나무를 본즉 먹음직도 하고 보암직도 하고 지혜롭게 할 만큼 탐스럽기도 한 나무인지라 여자가 그 열매를 따먹고 자기와 함께 있는 남편에게도 주매 그도 먹은지라(창 3:6)

바울도 탐심을 '모든 악의 뿌리'로 보았다.

> 돈을 사랑함이 일만 악의 뿌리가 되나니 이것을 탐내는 자들은 미혹을 받아 믿음에서 떠나 많은 근심으로써 자기를 찔렀도다(딤전 6:10)

인간이 탐심에 사로잡히는 요인으로는 첫째, 탐심은 '안전'에 대한 욕구 때문에 생겨난다. 생리적 욕구가 해결되었다 하더라도 '안전'에 대한 욕구가 해결되지 못하면 인간은 행복함을 누릴 수 없게 된다. '안전'에 대한 욕구로 인해 인간은 아무리 많이 가지고 있어도 결코 부족을 채울 수 없어 더 많은 소유에 대한 강박적 욕망을 갖게 된다.

둘째, 인간의 내적 결핍감과 영적 공허가 탐심의 원인이 된다. 식욕은 음식으로 채울 수 있지만, 내면의 허기虛飢는 그 어떤 것으로도 채울 수 없다. 사람은 내적 결핍감 때문에 물질적 풍요 속에서 죽어가고 있다. 하나님 이외에 어떤 것도 참된 만족을 줄 수 없다.

셋째, 자본주의 사회의 소비문화는 탐심을 한없이 조장한다. 소비사회에서 인간은 무언가를 소유하고 소비하는 가운데서 자기 정체성과 행복을 추구하기 때문에 더 많은 소유와 더 많은 소비를 부추기고 있다. 소비 행위를 통해 행복을 얻을 수 있다는 약속은 거짓이다. 왜냐하면 '새 것'으로 산 것은 금방 '낡은 것'이 되고, 시대에 '앞선 것'은 금방 '뒤떨어진 것'이 되기 때문이다. 소비란 알코올 중독이나 마약 중독과 같이 한번 맛보면 벗어날 수 없는 병리적 현상이다.

● **북한: 적화통일**^{赤化統一}

분단국가^{分斷國家}에서 공산주의를 이념으로 하는 측의 주도로 분단의 상대방 정부를 전복·흡수하여 공산 통일을 하는 것을 말한다. 1949년 중국과 1975년 베트남의 공산통일이 대표적인 예이며, 조선민주주의인민공화국이 1950년에 일으킨 한국전쟁 역시 대표적인 적화통일 시도^{試圖}의 예이다(위키백과).

'한국전쟁^{1950년}은 누가 일으킨 것일까?'에 대해 남북한은 상대방에 의해 발발되었다고 주장했으나 1993년 공개된 옛 소련의 외교문서에 의하면 김일성·스탈린·마오쩌둥 합작으로 발발되었음이 확인되었다. 김일성·스탈린 대화 내용에 의하면 김일성은 전쟁 도발 1년 전인 1949년 3월 모스크바를 방문, "이제 상황이 무르익어 전 국토를 무력으로 해방할 수 있게 됐습니다. 우리의 군대는 강하고 남조선에는 강력한 빨치산 부대의 지원이 있습니다."라며 남침을 승인해달라고 요구하자 스탈린은 "남한이 먼저 공격해오면 반격 기회를 노리라." 고 주문하면서 "남침은 불가하다."라고 했다. 다시 김일성은 1949년 5월에 국공^{國共}내전 중인 중국을 방문 마오쩌둥에게 남침지원 요청을 하자, 마오쩌둥은 "국민당을 패퇴시켜 중국을 완전히 지배할 때까지 결정적인 행동을 기다려 달라."고 말했다.

그리고 1949년 10월, 마오쩌둥이 공산혁명에 성공하면서 동아시아의 국제적 정치질서는 김일성에게 절대 유리하게 급변했다. 김일성은 '이제 한반도 적화통일의 절호의 기회가 도래했다.'고 판단 1950년 4월 다시 모스크바를 방문해 한 달 가까이 머물면서 스탈린으로부터 남침에 대한 동의를 얻어내고 군사지원 약속까지 받아냈다[1950년 3월 30일~4월 25일]. 이어 1950년 5월에는 마오쩌둥에게 남침 승인을 받아낸 것이다.

결국, 6·25전쟁은 북한·소련·중국 공산주의자들이 한반도 전체를 공산주의 진영의 아시아 전진기지로 만들려는 이해관계가 맞았기에 발발한 것이다(김원모, 2016).

> 스탈린은 1949년부터 거듭된 김일성의 남침승인 요구를 미국 때문에 거부했었다. 그러다가 1950년 4월 모스크바를 방문한 김일성에게 남침을 승인했는데, 이때 영국 정보부 출신 소련 스파이인 도널드 매클린을 통해 입수한 미 국가안보회의NSC 극비문서NSC-48/2, 1949년 12월 30일 작성가 결정적인 영향을 미쳤다. 이 문서에 담긴 "한국은 미국의 극동 방어선 외곽에 있다."는 내용을 보고 '미국이 한국전에 개입하지 않을 것이다.'라고 오판한 것이다. 이 내용은 '애치슨 라인'으로 알려진 1950년 1월 '애치슨 연설'에서 공표되지만, 외부에 공개되지 않은 극비문서에서도 내용이 확인됨에 따라 미국의 개입 불가를 신뢰할 만한 정보로 확신했기 때문에 승인한 것이다(하태원, 2011).

이렇듯 한국전쟁을 누가 일으켰는지에 대한 학술적 규명은 이미 끝난 상태임에도 불구하고 북한 교과서 「현대조선력사」에는 '1950년

6월 23일부터 38도선의 공화국 지역에 대해 집중적인 포사격을 했으며 6월 25일에는 전면전쟁으로 확대했다.'라고 남한의 북침을 가르치고 있다. 이미 북한의 남침에 대한 명백한 근거가 밝혀졌는데도 북한은 여전히 '북침설'남한이 북한을 침략했다는 주장을 주장하고 있다.

북한이 계속 북침설을 주장하는 이유는 아직도 한반도 적화통일을 포기하지 않았기 때문이다. 남북한 간 경제력 격차와 한미동맹을 기반으로 증강된 남한의 군사력 등으로 말미암아 한국전쟁처럼 무력으로 통일을 시도하고자 하기에는 어려워졌지만, 김일성의 교시와 노동당 당규약 등에서 북한은 적화통일을 포기하지 않고 있다. 한반도 통일의 필요성을 강조하면 할수록 통일의 방법을 잘 알고 구분할 수 있는 지혜가 필요하다. 통일은 반드시 이루어져야 하지만 우리가 이룰 통일은 적화통일의 자리가 절대로 없어야 한다.

● **남한: 통일편익**

통일의 필요성 또는 통일 공감대 확산을 위해 통일 교육을 할 때 제일 힘든 부분 중 하나가 '통일에 대한 무관심'이다. 분단된지 70여 년의 시간이 흘렀고 전쟁을 경험하지 못한 세대들이 남북한 사회에 주류가 되어가고 있는 현시점에서 통일의 필요성과 통일을 위해 많은 부분을 감내해서라도 통일해야만 한다고 설명·설득하기가 너무나 어려운 상황이 되어 가고 있다. 70여 년의 시간과 서로 다름 속에서 살아왔던 삶의 모습 속에서 굳이 통일을 해야만 하는지, 통일로 생기는 수많은 변화를 감내할 필요가 있는지, 통일된 독일이 경제·사회·문화 등 사회 모든 부분에서 어려움을 겪는데 그런 어려움을 감내하면서까지 통일을 해야만 하는가 하는 근본적인 질문에 답을 해야 할 때가 많이 있다. 북한이 지금보다 더 자유롭고 경제적인 풍요를 누리도록 변화되면 되는 것 아닌가 하는 생각들 앞에서 그래도 통일을 해야 한다는 당위성을 논리·경제·민족적 차원 등 다차원적으로 설명해 주고 동의를 얻어야 한다.

이럴 때 주로 인용하는 것이 '통일 편익'에 대한 주장이다. 통일 편익은 '통일 한국이 통일을 이루지 못했을 경우 통일로 인하여 얻게 되는 편익'이라고 할 수 있다. '통일 편익'이라는 말은 단순하지만, 통일에 따른 그 이익을 누가, 어떻게, 어떤 방식으로 가질 것인가 등에 대한 구체적인 상황이 되면 다차원적인 이해충돌이 생기게 될 것이다. 그리고 통일이 되었을 때 발생할 수 있는 천문학적인 통일비용은 남한이 주도적으로 감당해야 하고 그에 따른 편익을 북한에서 많이 누린다면 통일 독일에서처럼 1등 국민, 2등 국민으로 구분되는 등 다양한 상황에서 여러 이해관계들이 충돌하게 될 것이다.

> **분단비용보다 적은 통일비용 & 통일비용보다 더 큰 통일편익**
> **분단비용**: 분단으로 인해 지불하고 있는 비용
> **통일비용**: 통일된 남북한 지역, 즉 통일한국이 통일로 인해 부담해야 하는 비용
> **통일편익**: 통일된 남북한 지역, 즉 통일한국이 통일이 이루어지지 않았을 경우에 비하여 통일로 인해 얻게 되는 편익

> 분단비용은 남북한 분단이 지속되는 한 장기간 지속적으로 발생하는 비용인 반면, 통일비용은 남북한 통일 이후 단기간 동안 한시적으로 발생하는 비용이다. 통일되면 분단비용은 통일비용으로 전환되기 때문에, 통일비용을 계산하려면 통일에 드는 투자비용에서 분단비용을 빼야만 순통일 투자비용이 나오는 것이다. 그리고 통일비용에 대한 공포는 통일편익을 생각한다면 대부분 상쇄될 수 있다. 통일비용은 당장 현세대가 겪어야 할 부담인 반면, 통일편익은 대부분 다음 세대가 미래에 누릴 이득이 되는 경향이 있다(「알기 쉬운 통일교육」, 2011).

그리고 무엇보다 한국전쟁은 단순히 남북한만의 민족문제로 발발한 전쟁이 아닌 제2차 세계대전 이후 세계대전적인 성격을 가진 전쟁이며 지금도 끝나지 않았다. 따라서 이 전쟁은 직·간접적으로 참여한 국가들과 한반도 주변에서 분단에 영향을 직·간접적으로 미치고 있는 주변국의 이해관계 또한 다양하게 작용하고 있다. 즉 남북한이 잘 지내고자 통일을 선택한다고 해도 통일될 수 없고, 주변국들이 통일하라고 한들 남북한이 통일을 받아들일 수 없는 민족문제이며 국제문제가 바로 한반도 통일이다.

이런 상황에서 한반도가 통일되었을 때, '남북한의 힘이 서로 시너지효과로 발생하여 세계 2위의 경제 대국이 될 것이다.' 또는 북한에서 개발한 핵무기가 '통일 한국의 무기가 되어 군사 대국이 될 것이다.' 등 편익의 측면만 강조한다면 한반도를 둘러싸고 있는 미·중·일·러 국가들이 통일을 지지해 줄 것인지에 대해 고민을 해야 한다.

한반도 통일에서 가장 이득을 볼 사람(국가)은 누구인지를 생각하고 공공의 선, 즉 한반도 평화를 통해 동아시아의 평화와 세계평화 구현을 위한 통일을 주장할 때, 진정한 통일의 당위성이 설명될 것이다. 통일의 편익을 남북한, 특히 남한만을 위해 통일을 해야 한다고 하면 지금도 많은 것을 가지고 있는데 더 많은 것을 가지겠다고 포도원을 빼앗는 아합과 다를 것이 없다. 통일의 편익은 남북한을 넘어 동아시아와 세계인의 이익이 될 때 우리는 준비한 통일, 즉 평화통일을 실현하는 것이다.

● **하나님을 신뢰하는 삶**

자본주의 소비경제에서 탐욕은 도덕적으로 장려되어야 할 덕으로까지 추켜 세워지기까지 한다. 소비경제는 끊임없이 소비하지 않으면 파국을 맞을 수밖에 없는 경제 시스템이기 때문에 정부나 기업가는 소비 위축을 가장 두려워한다. 그래서 소비를 부추기고, 때로는 소비를 강요하기까지 한다. 소비가 곧 생존의 토대가 되는 경제 시스템에서 금욕과 절제는 피해야 할 악덕이 되고, 대신 소비가 미덕이 되는 것이다.

탐욕의 시대를 사는 성도들이 어떻게 살아가야 참된 자유와 평화를 누리면서 살 수 있을까에 대해 첫째, 소비사회는 욕망을 억압하는 대신 충족해야 할 것으로 보기 때문에 자연스럽게 '반反금욕적' 문화를 형성한다. 소비사회에서 인간의 탐심은 동물과 확연히 비교되는데 탐욕스러운 동물의 대명사인 돼지도 위의 70~80% 정도만 먹는 것에 반해, 인간은 소화제를 먹으면서까지 폭식暴食을 한다. 종교적 금욕주의자들은 영과 물질세계를 이분법으로 나누고, 물질생활을 무조건 죄악시한다. 이와 달리 바른 성경적 가치관은 금욕 자체를 목적으로 삼지 않고, 구원을 위한 공로나 업적으로도 생각하지 않는다. 금욕과 절제는 구원받은 사람의 '새로운' 생활방식으로 이해된다(조용훈, 2015).

탐욕의 사회에서 내적 만족과 자유를 누리려면 '자족'의 가치관을 형성해야 한다. 현재의 삶에 만족하는 자족의 가치관이 없다면 금욕과 절제의 훈련도 무거운 짐일 뿐이다. 기쁨이 없는 금욕훈련은 성도들을 도덕적이고 종교적인 위선에 빠뜨릴 뿐이다. 끝이 없는 인간의 욕망은 과거에 '사치품'이었던 물건들을 지금은 소유만 하는 '필수품'으로 변화시켰다. 제아무리 큰 부자들이라고 하더라도 자족할 줄 모르면 '가진 자가 더 갖는' 현상이 발생한다.

바울이 사용한 '자족'이라는 헬라어 '아우타르케이아'는 자신을 스스로 통제하는 상태를 의미한다. 바울은 비천함과 풍부함의 모든 형편에서 '자족하는 지혜'를 가졌다고 선언한다.

> [11]내가 궁핍하므로 말하는 것이 아니니라 어떠한 형편에든지 나는 자족하기를 배웠노니 [12]나는 비천에 처할 줄도 알고 풍부에 처할 줄도 알아 모든 일 곧 배부름과 배고픔과 풍부와 궁핍에도 처할 줄 아는 일체의 비결을 배웠노라 [13]내게 능력 주시는 자 안에서 내가 모든 것을 할 수 있느니라(빌 4:11-13)

탐욕이 다른 사람과 비교에서 자기 정체성과 만족을 찾는 것과 달리, 자족은 자기 자신과의 관계에서 '스스로' 만족을 찾는 행위로 적당한 생활 수준에 대한 자기 나름의 기준을 정하는 일이다. 따라서 자족이란 '가지고 있지 않은 것'에 대해 초점을 둔 삶이 아니라 '가진 것'에 대해 초점을 두고 감사하며 사는 삶을 의미한다.

> 감사란, 내게 없는 것에 불평하고 원망하는 대신에 가지고 있는 것으로 자족할 때, 생겨나는 신앙적 덕목이다. 감사란, 우리가 가진 것을 내 힘으로 '쟁취'한 것이 아니라 하나님으로부터 거저 받은 '선물'로 생각할 때, 생겨나는 마음이다. 감사란, 같은 조건이나 환경에서도 긍정적인 쪽으로 해석하는 삶의 태도이다. 그러기에 감사하는 사람은 탐욕에서 벗어나 현재를 누리고 즐길 줄 알게 된다(『우리 시대를 위한 하나님의 열 가지 말씀: 십계명의 영성과 윤리』 조용훈, 2015).

우리가 하나님을 신뢰할 때, 비로소 탐심^{탐욕}으로부터 완전히 벗어날 수 있다. 미래에 대한 두려움과 불안으로 탐욕이 생기는데, 성경은 우리의 미래를 보장해 주는 것은 더 많은 재물이나 보험증서가 아니라 하나님이라고 말씀하신다. 오늘 하나님만이 우리의 필요를 아시며, 우리의 안전을 지켜주신다.

> ^{30}오늘 있다가 내일 아궁이에 던져지는 들풀도 하나님이 이렇게 입히시거든 하물며 너희일까보냐 믿음이 작은 자들아 ^{31}그러므로 염려하여 이르기를 무엇을 먹을까 무엇을 마실까 무엇을 입을까 하지 말라 ^{32}이는 다 이방인들이 구하는 것이라 너희 하늘 아버지께서 이 모든 것이 너희에게 있어야 할 줄을 아시느니라 (마 6:30-32)

탐욕을 극복하는 적극적인 해결책은 욕망의 대상을 바꾸는 일이다. 욕망이 세상으로 향할 때 우리의 영혼은 천박해지지만, 우리의 욕망이 하나님을 향할 때 우리의 영혼은 고상해진다. 바울은 우리의 욕망을 채우기 위해 '위의 것'을 추구하라고 권면하고 있다.

> [1]그러므로 너희가 그리스도와 함께 다시 살리심을 받았으면 위의 것을 찾으라 거기는 그리스도께서 하나님 우편에 앉아 계시느니라 [2]위의 것을 생각하고 땅의 것을 생각하지 말라 [3]이는 너희가 죽었고 너희 생명이 그리스도와 함께 하나님 안에 감추어졌음이라(골 3:1-3)

성령을 따라 살아가는 사람은 탐심^(탐욕)의 노예로부터 벗어날 수 있다. 성령을 따라 살아가는 사람이란 십자가에 자신의 육체와 함께 탐심을 못 박은 사람이다. 성령을 따라 오늘도 살아가는 성도들의 삶에서 '풍성한' 열매가 맺어지는 것이다.

> [22]성령께서 맺어주시는 열매는 사랑, 기쁨, 평화, 인내, 친절, 선행, 진실, [23]온유, 그리고 절제입니다. 이것을 금하는 법은 없습니다. [24]그리스도 예수에게 속한 사람들은 육체를 그 정욕과 욕망과 함께 십자가에 못 박은 사람들입니다(갈 5:22-24 공동번역개정판).

십계명 이해하기

　십계명의 마지막 결론인 제10계명은 이웃 사랑을 위하여 우리에게 주신 계명이다.
　십계명의 마지막 계명에는 '탐심'食心을 금하고 있다. 인간에게 탐심은 내가 지금 가지고 있는 것보다 더 가지려고만 하는 우리 마음의 욕심이다. 현재 나에게 충분한데도 불구하고 만족하지 않고 더 많이 원하는 것. 잠언 4:23에서 "네 마음을 지키라 생명의 근원이 이에서 남이니라."라고 말씀하고 있다. 탐심은 들어오는 즉시 물리쳐야 되는데 그것이 쉽지는 않다. 때늦은 후회는 아무 소용이 없다. 반갑지 않은 손님들이 우리의 마음에 찾아와서 우리 인간에게 있는 귀한 생명의 근원을 송두리째 빼앗기 전에 날마다 마음을 지키고 다스리는 믿음의 용사가 되어야 한다.

　출애굽기 20:17에 기록되어 있는 '탐내지'에 쓰인 히브리어는 '하마드'로서 '열망하다, 갈망하다.'라는 뜻이다. 특별히 '외부에 있는 것을 보고 우리 인간의 감정충동을 일으켜서 탐심이나 하는 행동'을 가리킨다. 그러나 신명기 5장 21절에 기록되어 있는 '탐내지도'라는 단어에는 다른 히브리어가 사용되고 있다. 히브리어 '아바'로서 '마음이 기울다, 사모하다, 몹시 원하다.'라는 의미이다. '아바'는 주로 우리

'마음속에 있는 욕망 때문에 생기는 탐심'을 가리킨다. '하마드'가 사물 자체의 고유한 가치 때문에 발생하는 외적 탐심이라면, '아바'는 사람 속에서 일어나는 내적인 탐심이다. 탐심에 대한 두 가지 단어가 병행해서 사용된 것은 여호와 하나님께서는 외적이든 내적이든 모든 탐심을 모두 금하셨음을 의미하고 있다.

열 번째 계명의 '탐심'을 아담과 하와 모두가 에덴동산에서 간교한 뱀을 통해서 경험하였듯이, 그 수법이 너무나 간교하고 위장을 잘해서 누구라도 쉽게 속아 넘어간다. 이런 것을 가리켜서 바울은 데살로니가전서 2장 5절에서 '탐심의 탈'이라고 말하였다. '탈'의 헬라어 어원은 '프로파시스'이다. 그 뜻은 '겉으로 그럴싸하게 꾸미는, 위장하기, 마음에 없으면서 짐짓 그런 체하기'의 의미를 가지고 있다. 탐심의 탈을 쓴 사람들의 행동은 작은 것부터 모든 것까지 모두 위장인 것이다.

예수님께서는 우리 모두에게 "삼가 모든 탐심을 물리치라."고 말씀하셨다. 또한 씨 뿌리는 비유에서도 사람의 심령을 밭에 비유하시면서 재물의 유혹, 곧 탐심을 '가시'라고 설명해 주셨다. 마음속에 탐심이 있는 한 하나님의 말씀은 탐심이라는 가시에 막혀서 결코 결실할 수가 없다.

탐심은 남한이나 북한 모두 버리는 것이 쉽지 않다. 너무나도 어려운 일이다. 그러나 하나님은 탐심을 버리라고 하신다. 우리 모두 자신의 탐심을 버리고 하나님의 사랑으로 서로에게 베풀어야 한다. 그것이 우리 자손에게 물려줄 유일한 희망이다(참조: http://www.abrahampark.com/kor/edu_data/10299).

이 책을 마치며…

코로나19로 인한 뉴노멀 시대에 한국 교회는 수많은 장벽을 경험하고 있다. 이전과는 다른 세상을 향한 교회의 도전 또한 새롭게 시작하고 있다.

16세기 유럽에 페스트가 휩쓸었을 때 의사뿐만 아니라 많은 사람이 죽어갈 때 사람들은 성직자를 찾아갔다. 자신의 죄 때문에 전염병으로 죽는다고 생각했고, 그당시 성직자들도 그렇게 생각했다. 그래서 채찍으로 자신을 때리며 회개하면 전염병이 나을 것이라고 믿었다. 그런데 성직자도 동일하게 병에 걸려서 죽어 나가니 사람들은 더이상 성직자의 말을 믿을 수 없게 되었고 하나님을 향한 믿음도 약해지게 되었다.

이번 팬더믹도 믿음과 세상에 대한 지식의 부족으로 대한민국 개신교가 그 때의 과오를 반복하는 듯한 상황을 겪고 있어 안타까움을 금할 길이 없다.

한국 교회가 이 나라와 민족에게 길을 밝히는 등불로 쓰임받고자 한다면 여러가지 영역에 있어서 많은 전문성을 겸비해야한다. 또한 한민족이 하나로 통일되는 미래를 위하여 기도하며 준비하기 위해서는 평화와 통일에 대한 지식도 필요하다. 더 나아가 십계명으로 바라본 통일된 대한민국을 바라보자는 의미에서 이 책을 집필하게 되었다.

이 한 권의 책으로 통일 대한민국으로 가는 길에 한국 교회의 역할과 방향에 대한 완벽한 결론을 내릴 수는 없다. 그러나 앞으로도 지속해서 연구하고 글로 남겨 영혼을 구원하는 절대적인 가치를 놓치지 않는 한국 교회가 나라와 민족에게 긍정적인 영향을 미치게 되도록 소망한다.

2021년 봄빛 아래에서

서민규 · 이윤기

이윤기 박사   서민규 박사

참고문헌

- B. W. 앤더슨, 제석봉 역, 「구약성서의 이해 I」, 성바오로, 1983. pp. 123-124.
- 강사문, 「구약의 역사 이해」, 한국성서학연구소, 2002.
- 김성보, 「남북한 경제구조의 기원과 전개(북한농업체제의 형성을 중심으로)」, 역사비평사, 2006.
- 김성한, "미국의 신(新)안보 구상과 동아시아 전략", 「국방정책연구」, 한국국방연구원, 2010. pp. 53-86.
- 김원모, "미중관계의 이론, 실제, 전망", 「글로벌정치연구」, 한국외국어대학교 글로벌정치연구소, 2016. pp. 153-181.
- 김춘수, 「꽃의 소묘」, 백자사, 1959.
- 마이클 코넬리, 김승욱 역, 「탄환의 심판」, 알에이치코리아, 2012.
- 양영조, "6·25전쟁 시 국제사회의 대한(對韓) 물자지원 활동 : 1950년~58년 유엔의 한국 물자지원 재정립을 중심으로", 「군사편찬연구소」, • 국방부, 2013. pp. 53-86.
- 이경직, "북한의 체제유지와 선전선동의 역할: 수령형상의 측면에서", 「북한연구학회보」, 북한연구학회, 2014. pp. 173-201.
- 이철수, 「사회복지학사전」, 혜민북스, 2013.
- 이춘선, "해방 직후 북한지역 소련군정에 대한 국제법적 검토 : 신탁통치문제와 토지개혁을 중심으로", 「국제법학회논총」, 대한국제법학회, 2019. pp. 213-243.
- 장상환, "해방 후 한국자본주의 발전과 부동산투기", 「역사비평」, 역사비평사, 2004. pp. 255-278.

- 정일영,「북한 사회통제 체제의 기원」, 선인, 2018.
- 정준표, "북풍의 정치학 – 선거와 북한변수",「한국과 국제정치(KWP)」, 경남대학교 극동문제연구소, 1998. pp. 111-151.
- 조용훈,「우리 시대를 위한 하나님의 열 가지 말씀: 십계명의 영성과 윤리」, 동연, 2015.
- 하태원, "미국 : 한미동맹, 중요성에 걸맞는 카운터파트 선정되길",「월간 경영계」, 한국경영자총협회, 2011. pp. 48-49.
- 한국자살예방협회, 보건복지부, 중앙자살예방센터,「2014 자살예방백서」, 2014.
- 헨리 나우웬, 윤종석 역,「돌봄의 영성」, 두란노서원, 2014.
- 황장엽,「민주주의 정치철학」, 시대정신, 2005.
- 김정일,「주체사상에 대하여」, 1992.
- http://www.abrahampark.com/kor/edu_data/10299
- 영화「공작」, https://movie.daum.net/moviedb/main?movieId=109169#none

십계명으로 보는
통일이야기

1판 발행	2021년 4월 10일

지은이	서민규 · 이윤기
펴낸이	김한수
편 집	박민선
삽 화	유세린

펴낸곳	한국NCD미디어
등 록	과천 제2016-000009호
주 소	경기도 과천시 문원청계2길50 로고스센터 205호
전 화	02-3012-0520
이메일	ncdkorea@hanmail.net
홈주소	www.ncdkorea.net

Copyright©한국NCD미디어2021
Printed in Seoul, Korea

ISBN 979-11-965540-9-5

* 이 책은 한국NCD미디어가 저작권자와의 계약에 따라 발행한 것이므로
  본사의 협의없는 무단전재와 무단복제를 엄격히 금합니다.
* 잘못 만들어진 책은 구입처에서 교환해드립니다.

값 15,000원